中国旅游业普通高等教育应用型规划教材

中国历史与文化旅游资源

主　编　郭家秀　蔡会敏
副主编　林晓宁

中国旅游出版社

前言

伴随全球经济的持续稳健发展以及民众生活水平的显著提升，人们的旅游需求正呈现出逐步增长的态势。其中，对文化旅游的追求更是当下旅游消费的一大显著趋势。人们更加注重旅游体验的深度和文化内涵，历史文化旅游作为一种高层次的旅游形式，受到越来越多人的青睐。

中华文明源远流长，五千年的历史孕育了辉煌灿烂的文化，也留下了丰富的历史文化旅游资源。从大气磅礴的万里长城到集东方美学大成的北京故宫，从人文荟萃的江南水乡到千里冰封万里雪飘的北国风光，每一处古迹、每一座城市都承载着历史的记忆，诉说着文化的魅力。

本教材旨在引导读者以历史的眼光和地理的视角，去探索、发现和体验中国历史与文化旅游的魅力。本教材具有四个特点。第一，内容交叉。内容涉及历史、地理、文学、文化旅游资源等多个学科领域。第二，趣味性强。除了讲相关理论知识之外，教材中还引入了一些趣味知识，旨在给读者提供更多的视角。第三，与时俱进。在内容和案例的选择方面，能够将文旅行业的最新动态引入教材，如相关的影视作品和爆款游戏。第四，注重实践。本教材的宗旨之一是希望学生能够结合历史文化旅游资源进行产品设计，因此每章的练习题都会有两道设计题，这些题目设计的灵感主要来自现阶段旅游市场较受欢迎的文化旅游产品。

学习本教材，不仅使读者能够了解中国历史文化旅游资源的文脉，掌握历史文化旅游资源的欣赏方法和解读技巧，还能提升其历史文化素养，增强文化自信。同时，对本书内容的融会贯通还可以使读者能够独立规划个性化的历史文化旅游行程，获得更丰富的旅游体验。

本教材由上海师范大学天华学院旅游管理专业教师郭家秀、林晓宁与上海农林职业技术学院文化创意与策划专业老师蔡会敏共同编写完成。郭家秀老师负责各章节的项目一至项目五，蔡会敏老师负责项目六的知名景点和历史文化名城部分，林晓宁老师负责项目六的世界文化遗产和非物质文化遗产、部分趣味小知识部分。

本教材在编写的过程中，与上海黑眼睛人文旅行的产品经理魏大帅多次研讨，最终确定了教材框架和内容设置，感谢魏大帅老师的倾情帮助和指导。同时，本教材参考和借鉴了大量相关书籍、纪录片和音频课程，如施展老师的《枢纽》及音频课程《中国史纲 50 讲》、白发布衣老师的喜马拉雅课程《通俗西藏史》、央视纪录频道出品的纪录片《河西走廊》、韩茂莉老师的《大地中国》、李不白老师的《透过地理看历史》、张宏杰老师的《简读中国史》等，作者已经尽可能在参考文献中标注出来，向各位学识渊博的老师致以最崇高的谢意，正是这些有趣的图书、纪录片和音频课程激发了我们对历史文化旅游的极大兴趣。因疏漏没有列出的或引用自网络，出处不详的，作者在此深表歉意。

由于编者水平有限，对于历史文化旅游的认知还比较片面，书中难免有些错误及遗漏之处，敬请广大读者多提指导意见，不胜感激。

编者

2025 年 6 月

目 录

第一章 先秦历史与文化旅游资源

本章导读

距今三四百万年前，地球上出现了人类。距今约170万年前，中国大地上出现了人类活动。中国原始文化星罗棋布，多姿多彩，先后经历了旧石器时代与新石器时代。先秦指秦统一以前漫长的历史时期。夏、商、西周是中华文明及早期国家的形成与发展阶段，也是奴隶制社会的形成、发展与繁荣时期，创造了以青铜器、甲骨文为代表的文明成就。春秋战国是政治、经济、社会、文化大变动的时期，百家争鸣正是这一变动在思想领域的反映。

学习目标

» 了解中华文明的起源及早期国家特征；

» 理解战国时期变法运动的必然性；

» 了解先秦时期中国在经济、文化、生活方面的成就；

» 分析百家争鸣的时代背景及意义；

» 了解先秦时期中国形成的优秀文化资源，并能够进行相应的产品设计。

项目一 朝代脉络介绍

一、旧石器时代与新石器时代

原始社会因石器制作技术的不同，被分为旧石器时代和新石器时代，旧石器时代以使用打制石器为主要特征，新石器时代以使用磨制石器为主要特征。中国已经发现的旧石器时代遗址有数百处，代表性的有距今 170 万年前的元谋人和距今 70 万 ~20 万年前的北京人。

距今约 1 万年之前，中国进入新石器时代。距今 7000~5000 年前，黄河中游地区进入仰韶文化时期，它的典型器物是彩绘陶器，粮食是以粟为主的栽培作物。黄河下游出现了大汶口文化，早期以红陶为主，晚期发展为轮制陶器，出现了硬质白陶，还有彩陶和朱绘陶。长江下游地区为河姆渡文化，河姆渡文化的居民种植水稻，并且也掌握了养蚕缫丝技术。

距今约 5000 年前，黄河下游出现了龙山文化，其代表器物是黑陶，黑陶的胎壁薄如蛋壳，被称为“蛋壳陶”。辽河上游出现了红山文化，长江下游出现了良渚文化，它们都出土了精美的玉器。

趣味小知识：玉器——早期文明交流的见证

新石器时代中期，各地出土的玉器造型很不一样，然而到了新石器时代晚期，造型越来越接近，甚至完全一样了。新石器时代晚期，中国大地上从甘肃、陕北到山东、河北，再到湖南，都出现了玉琮和玉璧，与良渚文化的玉器形制几乎一样。可见，在新石器时代晚期，中国大地上虽然还没有道路，但是各个文明中心就已经开始了交流与互动，促进着文明的发展。

二、从部落到国家

古史相传，中国历史从三皇五帝开始。三皇五帝并不是真正的帝王，指的是原始社会中后期出现的为人类做出卓越贡献的部落首领或部落联盟首领，后人追尊他们为“皇”或“帝”。

传说中，居于五帝之首的黄帝是黄河中上游一带的部落首领，他联合另一部落首领炎帝，结成炎黄部落联盟，他们被后世共同尊为华夏始祖。炎帝、黄帝之后，黄河流域出现了尧、舜、禹几位贤能的部落首领。尧年老时，根据推举和他对舜的考察，由舜继承其位，这种制度被称为“禅让”。

禹治水有功，接受舜的禅让，成为联盟首领。约公元前2070年，禹建立了中国最早的奴隶制国家夏。禹死后，他的儿子启继承王位，世袭制取代禅让制。夏的最后一个王桀，暴虐无道，百姓不断反抗夏朝的统治。约公元前1600年，商汤打败夏桀，夏朝灭亡。

趣味小知识：有关三皇五帝

三皇时代较早，名称众说不一，神话色彩浓重，五帝的事迹较为具体。三皇指燧人（燧皇）、伏羲（羲皇）、神农（农皇），《史记·五帝本纪》以黄帝、颛顼、帝喾、尧、舜为五帝。

传说中的帝王，较早的是有巢氏和燧人氏。有巢氏教民构木为巢，燧人氏教民钻木取火，接着为伏羲、神农。伏羲氏始画八卦，发明了渔猎生产工具网罟，提高了劳动效率。神农氏发明了农作工具，教会了老百姓耕种。他还是医药的始祖，还教给人们通商交换，制定了日中为市的交易方式。

“三皇”距今10万年到5000年前。“五帝”本是一家人，距今5000~4000年前。颛顼是黄帝的孙子，帝喾是黄帝的曾孙，尧是帝喾的儿子，舜是尧的女婿。

三、商

约公元前1600年，商汤建立商朝。商朝前期屡次迁都，约公元前1300年，商王盘庚把都城迁到殷（今河南安阳），商朝的统治局面由此稳定下来，因此，商朝又称“殷”。商朝晚期，社会矛盾日益尖锐，最后一个王帝辛（也被称为纣王）是有名的暴君，他修建许多宫殿苑囿，终日饮酒作乐，过着腐朽的生活，做炮烙之刑残害人民，引起公愤。公元前1046年，周部族的首领周武王率兵伐纣，史称“武王伐纣”，商朝灭亡。

趣味小知识：周灭商

周灭商是中国历史上具有里程碑意义的事件之一，标志着中国古代社会从商朝的“神权政治”向周朝的“人文政治”的转变。该事件作为中国古代历史上的重要事件之一，具有广泛的受众基础，这也是诸多影视剧以此为背景的原因。

影视作品涵盖了电视剧、电影和动漫等多个领域，电视剧有《封神榜》《封神演义》、电影有《哪吒之魔童降世》、动漫有《武庚纪》等。近年来上映了奇幻电影系列《封神》三部曲。《封神第一部：朝歌风云》在2023年7月上映，《封神第二：战火西岐》于2025年1月上映，通过现代媒介将古老神话呈现给观众，激发了观众对传统文化的兴趣。

四、西周

公元前1046年，商朝灭亡后，周武王建立周朝，都城在镐京，史称西周。周厉王贪财好色，把山林川泽之利收归王室所有，不准平民百姓利用谋生，还令人监视百姓，使得“国人莫敢言，道路以目”。公元前841年，国人暴动，周厉王出逃，西周的政权暂时由周公和召公共同执掌，史称“共和行政”。公元前 771 年，西北游牧民族犬戎趁西周王室内乱，攻破镐京，杀死周幽王，西周灭亡。

趣味小知识：烽火戏诸侯

周幽王非常宠爱的一个妃子叫褒姒，褒姒长得很美，但是不爱笑。为了逗她笑，周幽王想了个主意，和她一起来到骊山的烽火台点燃了烽火。一时间，狼烟四起，烽火连天。各地诸侯一见狼烟警报，以为有敌人打过来了，赶紧率兵前来救援。他们来到骊山脚下，却发现没有敌人，才知道被戏弄了，只好灰溜溜地撤走了。褒姒见千军万马招之即来，挥之即去，如同儿戏一般，十分好玩，不禁嫣然一笑，周幽王大喜。后来，一支叫犬戎的少数民族打过来了，周幽王命人赶紧点燃烽火，但是诸侯们因为上次被愚弄，这次不再理会。犬戎最终攻破镐京，杀死了周幽王，这就是著名的“烽火戏诸侯”的典故。

烽火戏诸侯的故事是真的吗？有可能只是一个传说，钱穆因此称司马迁《史记》的这一记载为“委巷小人之谈”。不过故事的背后，也能反映出一定的历史真实。这个故事实际体现的是：西周末年的时候，周王已经号召不了各地诸侯了。在公元前 771 年，周王的领地被犬戎军队占领，周幽王被杀，周平王不得不迁都，这宣告了西周灭亡。

五、春秋战国时期

公元前 770 年，周平王东迁洛邑，史称东周。后世将东周分为春秋和战国两个阶段，自公元前770年至公元前476年为春秋时期，从公元前475年至公元前221年为战国时期。

趣味小知识：春秋战国的分界点

关于春秋和战国的分界点，主要有两种分法，第一种是司马迁在《史记》中将公元前475年认定为春秋战国的分界线，这一年周元王正式继任为周王。第二种是司马光在《资治通鉴》中，将春秋战国的分水岭定位为公元前403年，即“三家分晋”。

项目二 地理概念及关键历史事件

一、地理概念

九州是一个兼具地理和行政双重概念的名词，最早出现在先秦时期的典籍《尚书·禹贡》中。相传大禹治水时，以山川河流为大致界限，将天下分为九个区域，分别是：冀州、兖州、青州、徐州、扬州、荆州、豫州、梁州、雍州。随着朝代的发展，不同历史时期又呈现出不同的划分，后来还有“十二州”之说。战国以来，九州即成为古代中国的代称，自汉朝起，九州成为汉族地区的代称。

趣味小知识：关于九州

“九州”这个称谓出现在众多典籍里，如《周礼》《尔雅》《吕氏春秋》等。众多古代诗人在其作品中也提到“九州”，用以指代中国。如龚自珍的《己亥杂诗》中“九州生气恃风雷，万马齐喑究可哀”便是一例。陆游的《示儿》中“死去元知万事空，但悲不见九州同”也是一例。这些诗句中的“九州”不仅是一个地理概念，更是一个文化符号，它承载着诗人对国家、民族和地理的情感和认知。

二、关键历史事件

1. 少康中兴

夏朝的第二代王太康奢侈享乐，失去人心。东夷有穷氏首领后羿乘机夺取政权。后来太康之孙少康复国，史称“少康中兴”。“少康中兴”是中国历史的一个转折点，标志着夏朝从衰落走向复兴，为夏朝的发展奠定了坚实的基础。

2. 商王朝的扩张

商汤建立商朝时，定都于亳（今河南商丘），这是商朝的第一个都城。中期频繁迁都，盘庚是商朝的重要君主，他宣布将都城从黄河南岸的曲阜迁到黄河北岸的北蒙（今河南安阳），这个都城后来被称为殷。商都迁都是在黄河中下游两岸方圆几百里的范围内，黄河的频繁泛滥是促使商王朝迁都的重要原因之一，另外，与内部王权的争夺、外族的军事威胁也有一定的关系。

商朝早期，主要是在黄河流域扩张。商朝中期，特别是武丁时期，进行了一系列改革，加强中央集权，商朝国力不断增强，商朝的军队开始远征周边部落，通过战争和外交手段扩大了疆域。商朝晚期，国力衰落，但商朝通过战争和联姻使疆域进一步扩展。同时，商朝还加强了与边疆地区的联系。

除了军事和外交手段，商朝还通过经济交流来加强与周边地区的联系。商朝人擅长贸易，他们通过与其他地区的经济往来，促进了商品的流通和经济的发展。

3. 周公东征

公元前 1046 年，周武王建立了西周后，为了统治商朝的遗民，周武王将商王朝直接控制的领地分为四个区，分别由武庚（纣王之子）和武王的弟弟管叔、蔡叔、霍叔掌管，管叔、蔡叔和霍叔共同监视武庚，总称“三监”。周武王病逝后，其子即位，即周成王，时年 13 岁，由周公旦摄政。管叔、蔡叔和霍叔对周公摄政不满，散布谣言说周公要篡夺王位，并与武庚及东夷部落联合起兵反周，史称“三监之乱”。

周公力劝召公（周武王的弟弟）支持东征，在召公支持下，周公调动大军，率军东征。平定“三监之乱”后，周公挥师东南，进攻淮泗间的九夷（包括徐、熊、盈等小国）。经过连续作战，周军攻灭熊、盈族 17 国，迁殷民于洛邑（今河南洛阳）。最后挥师北上攻奄，迫使奄国投降。随之，蒲姑等国也相继降服。至此，历时三年的周公东征胜利结束。周公东征是西周初期的一次重要军事行动，这次行动不仅巩固了周朝的统治地位，还扩大了国家的疆域和文化影响力。

4. 庄公小霸

“庄公小霸”是春秋时期，郑庄公通过政治和军事斗争逐步确立郑国在中原地区霸主地位的事件。春秋初期，郑国在中原诸侯中势力强大，周王室感到威胁，试图用虢国牵制郑国，郑庄公不满周王室的做法，双方关系恶化，甚至发生了“周郑交质”事件，即周王室与郑国互相交换人质以示信任。公元前 707 年，周桓王联合陈、蔡、虢、卫等国讨伐郑国，爆发了著名的“繻葛之战”。郑庄公在战争中指挥有方，大败周桓王联军，并射中周桓王肩膀，史称“射王中肩”。战争最终以周王室的战败、郑国的胜利告终。这一战后，周王室对于诸侯国的号召力越来越弱。

郑庄公虽未能实现真正的称霸，但他是春秋初年最为核心的人物之一，郑国也是春秋第一个崛起的地方政权。郑庄公是春秋历史上第一个对抗中央的人，开启了春秋时期地方反对中央的历史。

5. 三家分晋

三家分晋是指春秋末年，晋国被韩、赵、魏三家卿族瓜分的事件。公元前403年，周威烈王正式封韩虔、赵籍、魏斯为诸侯，承认了他们的地位，这一事件标志着三家分晋的完成。在历史上，“三家分晋”被视为春秋之终、战国之始的分水岭，司马光将其列为《资治通鉴》的开篇之作。三家分晋打破了传统的分封制度，使得诸侯之间可以推翻和替代，这一变化为后来的战国兼并战争和秦朝的统一奠定了基础。

礼是西周封建宗法社会的老规矩。西周是一个森严的等级社会，天子就是天子，诸侯就是诸侯，卿大夫就是卿大夫，每个等级都有相应的权利和义务，不能僭越。赵、魏、韩三家大夫以诸侯自居，当然是僭越。周天子不但没有讨伐，反而承认他们，所以周天子承认三家诸侯的地位，是礼彻底崩坏的标志。

趣味小知识：修身、齐家、治国、平天下的来源

西周的贵族等级是王、诸侯、卿大夫、士。王只有一个，就是周天子，掌管天下。王给诸侯封块地，让诸侯去建立自己的国家，这叫封建。诸侯再把自己的地分给卿大夫（卿比大夫地位略高），这叫家。士是没有封地的，是最低等的贵族，没有收入来源，但是士是卿大夫的孩子，从小受过良好的教育。战国时期，那些到处游走、谋取功名的人大多是士。其实，他们和平民没有什么两样，不同之处是他们受过良好的教育，这种教育就叫修身。修身、齐家、治国、平天下，说的是这四项贵族要做的事，不同的身份地位，职责也是不同的。

6.“春秋五霸”与“战国七雄”之争

春秋时期，一些大的诸侯国扩张势力，力图号召和控制中小诸侯国，确立霸主地位。齐国、晋国、楚国、吴国与越国先后称霸。史书上将这一时期建立霸权的诸侯国国君统称为“春秋五霸”。春秋争霸可以分为周郑交质、齐桓公称霸、晋楚争霸和吴越争霸四个时期。

春秋后期到战国前期，一些诸侯国的卿大夫掌握了实权，晋国的韩、赵、魏三家大夫将晋国瓜分，齐国大夫田氏也取代了原来的姜姓国君。经过长期纷争，许多中小诸侯国消失了，形成了齐、楚、燕、韩、赵、魏、秦七个大国，史称“战国七雄”。周朝传统的政治秩序完全被破坏，各国国君纷纷称王，周王室也在公元前256年被秦国吞并。

趣味小知识：国家名称与姓氏

在春秋战国时期，随着诸侯国的分立和合并，以及民族间的交流与融合，大量新的姓氏应运而生。其中，许多姓氏直接来源于当时的国名。这些姓氏不仅传承了国家的名称，也承载了国家的历史和文化。例如，齐国、鲁国、宋国、郑国、吴国、秦国、蔡国、虢国等诸侯国的名称，后来都直接成为常见的姓氏，分别为齐、鲁、宋、郑、吴、秦、蔡、郭等。

7.商鞅变法

战国时期兼并战争日益严重，各国为了富国强兵，纷纷开始政治、经济、军事、社会改革。商鞅变法开始于公元前356年，主要内容有：重农抑商，奖励耕织；奖励军功，剥夺和限制贵族特权；强制把大家庭拆散为个体小家庭；“废井田，开阡陌”，授田与百姓；在民间实行什伍连坐，互相纠察告发；行政管理上普遍推行县制等。商鞅变法顺应历史潮流，集列国变法之长，是战国时期开始得最晚、持续时间最长、涉及面最广、改革最为彻底的一次变法。变法使秦国国富兵强，为秦统一六国奠定了基础。

趣味小知识：战国时期的变法运动

在秦国商鞅变法之前，有李悝在魏国的变法、吴起在楚国的变法、申不害在韩国的改革和邹忌在齐国的改革，使得这些国家实力不断增强。

经李悝变法，战国初期，魏国迅速强大起来，称霸诸侯50年。魏文侯时，魏国先后挫败齐秦两大强国，击败中山国。李悝变法作为战国群雄中第一个变法，对各国有深远影响。

公元前386年至公元前381年，楚悼王起用吴起变法，变法举措一定程度上提升了楚国的国力。然而，变法得罪了楚国的旧贵族，楚悼王死后，吴起被旧贵族发动叛乱射杀，变法宣告失败。

齐国的邹忌在法治、吏治等方面实施改革，使齐国国力变强。韩国的申不害通过整肃吏治、加强君王统治、鼓励百姓开垦荒地等措施，使韩国国富兵强，国力大为增强。

8. 秦的统一

长期战乱给社会带来巨大灾难，人民渴望安定统一。各地经济的发展，要求打破政治分裂所带来的阻碍。秦“据崤函之固，拥雍州之地”，地理位置优越，物质基础雄厚。数代秦王励精图治，广纳贤才，吏治较为清明。商鞅变法后，秦尊奉法家，奖励耕战，国家日益强盛，为日后秦的统一奠定了基础。

公元前230—前221年，秦国采取远交近攻策略，分化瓦解其他诸侯国，各个击破，相继灭掉六国。前230年灭韩，前228年灭赵，前225年灭魏，前223年灭楚，前222年灭燕，前221年灭齐，天下统一，建立起第一个统一王朝：秦朝。

项目三 内外交往

一、早期文明交往

从分布在辽河、黄河、长江流域的红山文化、仰韶文化、龙山文化、良渚文化、三星堆文化出土的玉器、器具可以看出，各个文明中心之间就已经开始了交流，且这种交流越来越密切。

二、春秋战国时期的民族融合

春秋时期，我国少数民族有较大发展。北方、东北有肃慎、东胡、匈奴等草原游牧民族。中原鲜虞族建立了中山国，西部有月氏、乌孙、义渠、羌等，西南部有巴、蜀、夜郎等民族。南方则是越族聚居地。春秋后期，这些民族逐渐与华夏族融合。

战国时期，民族融合进程加速。中原各诸侯国积极向周边开拓。公元前5世纪，魏、赵灭中山国。战国后期，匈奴在今内蒙古建立头曼城。赵武灵王在九原组织百姓开垦，防御匈奴骑兵。公元前4世纪末，秦国兼并巴蜀地区并推行改革，使当地经济发展起来。同一时期，楚将庄蹻（楚顷襄王时）入滇称王，加强了云南少数民族与华夏族的联系。战国后期，各族经济文化联系日益密切，为秦朝建立多民族的统一国家奠定了基础。

项目四 社会经济与文化

一、社会经济

1. 农业的发展

距今1万年前，中国先民在北方旱地驯化了农作物粟、黍，在南方驯化了水稻。古人将谷子称为粟或稷，最初“粟”之称通行于民间，而“稷，祭也”，故“稷”为谷子之名用于庙堂祭祀，谷子加工后的粮食即为小米，黍子加工后为黄米。

商和西周时期，农业是主要的生产部门，生产主要使用木、石、骨、蚌等材质的工具，青铜农具极少。春秋战国时期，经济发展，冶铁技术出现，铁制农具开始使用，牛耕也得到推广。各国新建了一些水利工程，如都江堰、郑国渠等。

2. 手工业的进步

（1）青铜器。

夏朝已经出现了青铜器。青铜器铸造部门是商朝和西周的主要部门。因此，夏商周三代常被称为我国历史上的“青铜时代”。青铜器被大量用作贵族生活用具和礼器。礼器是青铜器中最为重要的一类，它们主要用于祭祀、宴飨等礼仪场合，具有极高的象征意义和宗教价值。考古出土的商周青铜器不仅数量巨大、种类丰富，而且造型新颖、器形厚重、纹饰繁缛、工艺精湛，堪称国之瑰宝。

趣味小知识：商周青铜器

商周时期，青铜器达到了鼎盛阶段，不仅数量众多，而且造型多样、纹饰精美，充分展示了古代工匠的高超技艺和丰富想象力。商朝青铜铸造技术先进，据计算，铸造重达 832.84 千克的商代名器“司母戊鼎”（也有称“后母戊鼎”）。需要 70 个能容纳 12.5kg 青铜溶液的容器，还需 250—300 人通力合作才能完成。

何尊是西周早期周成王时期的青铜器，内底铸铭文 12 行，122 个字，提到周武王灭商后决定建都于天下的中心，“宅兹中国”。这是目前所见“中国”一词最早的实物见证。

（2）陶器。

夏、商、周时期陶器以硬纹陶、灰陶、黑陶及白陶为主，还出现了原始瓷器。这个时期的陶器有兼具实用与审美功能的炊具、食器、酒器等，用于日常生活，更有运用于祭祀、丧葬、宴飨等礼仪活动的陶制礼器。

（3）玉器、纺织业和漆器。

商周玉器雕刻精美，数量多。安阳殷墟妇好墓就出土玉器750件。这些玉器造型精美，令人叹为观止。西周的丝织品除平织物外，已经出现斜纹提花织物，还出现了刺绣。春秋战国时期，丝织业取得新进步。我国是世界上用漆历史最悠久的国家，河姆渡遗址中出土过红漆碗。商周漆器制造已达到较高水平，出现了浮雕式花纹，并镶有绿松石和钻石，贴有金箔。周时种植漆树林，已被征收赋税，说明了当时用漆的普遍。战国时期，漆工艺有了新成就。

煮盐业、酿酒业。春秋战国时期，煮盐业、酿酒业有较大发展。山西的盐池、山东的海盐和四川的井盐都已开发，商周时酿酒业已经很发达。春秋战国时期，人们已经能用曲造酒。以曲造酒，是我国古代酿造技术的重要发明。

（4）冶铁业。

战国时期，铸铁冶炼技术已经有了显著进步，铁器的种类繁多。除了铁质农具之外，还有铁斧、铁锤等铁质工具，出现了铁质兵器，这些兵器增强了军队的战斗力。除生产工具外，还出现了铁制的炊具、餐具等生活用具。建立了冶铁中心城市，如邯郸、郢等。

3. 商业的发达

春秋战国时期，商业发达，各地土特产相互交流。在中原的市场上，可以买到南方的象牙，北方的马，东方的鱼盐和西方的皮革，许多城市成为繁华的商业中心，如齐国的临淄（今山东淄博）、赵国的邯郸（今河北邯郸）、魏国的大梁（今河南开封）、楚国的郢（今湖北荆州），聚集着许多人口。

春秋战国时期，出现了许多有名的大商人。越国的范蠡在陶邑家富巨万，号称陶朱公，陶朱公后来成为富商的代名词。战国后期，大商人吕不韦以自己的经济实力帮助秦庄襄王争得王位，后来做了秦朝的相国。

4. 社会生活

春秋战国时期，人们的日常社会生活发生了重大变化。从衣着服饰来看，带有鲜明的等级特色，贵族流行一种深衣式袍服，其特点是上衣下裳相连。北方的深衣偏宽，所谓“宽衣博带”，南方偏瘦长，平民一般穿短袄，战国后期，赵武灵王提倡“胡服骑射”后，胡服成为各诸侯国兵士的军服。

饮食也比以前丰富多了。今天食用的瓜类、芋头、韭菜、芥菜等，成为家常蔬菜，鸡、鸭、鹅、猪、牛、羊等禽肉类也很常见。烹饪技术大大提高，《诗经》《山海经》等古书中提到，春秋战国时期，百姓家有花椒、桂皮等作料。贵族对饮食十分讲究，孔子曾说过“食不厌精，脍不厌细”。

春秋战国时期，人们的日常社会生活丰富起来。那时候，民间节日、娱乐活动和体育比赛项目多起来。最热闹的节日是社祭和蜡祭。战国时期，民间娱乐活动有斗鸡、走犬、讴歌等。春秋战国时期体育活动很丰富，有剑道、角力、蹴鞠、举鼎等项目。

二、文化

1. 科学与技术

（1）天文和历法。

夏朝历法《夏小正》，载有一年中各个月份天象、气象和农事等内容。夏历改进为殷历，干支纪日法是商朝历法最大的成就，是世界上延续至今时间最长的纪日方法。商《殷正》，12 月为一年的开始，周《周正》以 11 月为 1 年的岁首。《夏小正》与农作物生长周期吻合，最好用，沿用至今。

（2）医学。

商和西周时期，人们已有较丰富的医药学知识。《史记》记载，商朝的后几位国王，都是巫医高手，懂得许多病理、药理知识。甲骨文中记载的疾病达 39 种，包括眼、耳、口腔、肠胃等分科。扁鹊是战国时期最著名的医生，后来医学家把他奉为“脉学之宗”。他采用望、闻、问、切四诊法诊断疾病。

2. 文学成就

（1）《尚书》和《周易》。

《尚书》又称《书》或《书经》，大约成书于战国时期，是我国现存最古的史书，是夏、商、西周时代一些历史文献和传说资料汇编。还有古代史事记录。《周易》即《易经》，是周朝时形成的一部哲学著作，原为古人占卜的书。

《周易》讲述了许多阴阳矛盾的关系，反映古人朴素的辩证法思想。书中某些观点如"天行健，君子以自强不息。地势坤，君子以厚德载物"等，对中华民族精神和个人修养规范有积极意义。

（2）《诗经》和《离骚》。

春秋时期成书的《诗经》，汇集了西周到春秋时期的诗歌，是我国现存第一部诗歌总集，包括风、雅、颂三部分。《诗经》以四言诗为主，内容丰富，反映了当时社会的各方面，它的人文精神和现实主义创作态度对后世文学有重要影响。

战国后期，楚国贵族屈原继承《诗经》传统，采用楚国民歌方言，创造出一种新的诗歌体裁，称为"楚辞"。《离骚》《天问》是其代表作品。《离骚》里写了屈原的不幸遭遇、政治抱负、至死不屈的精神和对楚国人民的依恋。屈原的爱国主义精神是中华传统文化的宝贵财富，1953年，屈原被列为世界文化名人。

（3）《山海经》。

战国时期出现最早的地理著作，其中有关中国山川河流和海外地理的丰富记载，反映了那个时期人们对中外地理的认识。

3. 艺术成就

（1）甲骨文。

甲骨文是清末在河南殷墟发现的古文字，它刻写在龟甲或牛肩胛骨上，是商朝占卜的记录，商朝人迷信鬼神，不论祭祀、战争，还是农事等，都要向鬼神问卜，所得结果刻在甲骨上，这种文字称"甲骨文"。甲骨文已经具备象形、指事、会意、形声、转注、假借"六书"构字规律，与今天汉字基本相同。它的出现说明早在商朝，我国中原地区就已经具备相当高的文明，为研究商朝历史和古文字留下了丰富的史料。

（2）雕塑与青铜铸造艺术。

夏、商、周三个朝代，尤其是商和西周雕塑和青铜铸造艺术达到顶峰。商代青铜造型艺术有较大发展，四川三星堆出土的大型青铜铸像，是那个时期青铜艺术的杰作。西周时期，凤鸟纹饰十分普遍，晚期删繁就简，产生了新的曲波纹等纹饰。青铜艺术呈现生活化的特点。西周青铜器的最大特色是有大量青铜铭文出现。

（3）音乐。

商周时期的乐器制作工艺有极大的提高，乐器数量也迅速增加。特别是编钟等乐器的出现，标志着先秦时期音乐制作技术的成熟。先秦时期已经有了十二律的概念，即今天的十二个半音组成一个八度。此外，还创立了五声音阶（宫、商、角、徵、羽），为后世音乐的发展奠定了基础。

趣味小知识：曾侯乙编钟

曾侯乙编钟是战国早期曾国国君的一套大型礼乐重器，1978年在湖北随县（今随州）擂鼓墩曾侯乙墓出土，现藏于湖北省博物馆，为该馆“镇馆之宝”。编钟钟架长748厘米，高265厘米，全套编钟共65件，分三层八组悬挂在铜木结构钟架上，最大钟高152.3厘米，重203.6千克。它用浑铸、分铸法铸成，采用了铜焊、铸镶、错金等工艺技术，以及圆雕、浮雕、阴刻、髹漆彩绘等装饰技法。每件钟均能奏出呈三度音阶的双音，全套钟十二个半音齐备，可以旋宫转调。音列是现今通行的C大调，能演奏五声、六声或七声音阶乐曲。

战国曾侯乙编钟是中国迄今发现数量最多、保存最为完好、音律最齐全、气势最恢宏的一套编钟，代表了中国先秦礼乐文明与青铜器铸造技术的最高成就。

项目五 社会现象

一、周朝的分封制和宗法制

西周实行分封制与宗法制。分封制即分封诸侯，周王把一定的土地和人民授予王族、功臣和先代贵族的后裔，让他们建立诸侯国，拱卫王室。形成了“天子—诸侯—卿大夫—士”金字塔形的等级结构，加强了周天子对地方的统治。宗法制是以血缘亲疏与嫡庶来确定继承关系和名分的制度，实行嫡长子继承制。宗法制与分封制相互补充，解决了统治阶级内部在权力、财产分配方面的冲突和矛盾。

分封制依托血缘关系建立，因此，其效能随着时间的推移、血缘的淡化而递减，最终会导致内部纷争。在周朝建立初期，周天子和诸侯国通常是父子、叔侄、兄弟关系，关系很近。但是过了几代，关系越来越远，周王对地方的控制力越来越弱。因此，到西周后期，各大诸侯国朝拜的频率越来越低，各诸侯国越来越各行其是。到了周幽王时代，周王朝衰弱，积弊严重，周幽王昏庸无道“烽火戏诸侯”，当西边的犬戎入侵时，各地诸侯都不来帮周王抵抗，加速了西周的灭亡。

二、百家争鸣

春秋战国时期是社会大变革时期，社会经济的发展促使阶级关系出现新变化，旧的贵族等级体系开始瓦解，新兴的士阶层崛起，他们提出自己的政治主张和要求，试图影响现实政治。各国统治者出于争霸需求，礼贤下士，争相招揽人才，士人周游列国，颇受重用，他们的活跃推动了学术文化的繁荣。当时出现了众多学说及学派，各自提出对政治、社会乃至宇宙万物的看法，形成了“百家争鸣”的局面，其中主要有儒、道、墨、法、名、阴阳五行等诸家。

1. 主要流派

（1）儒家。

春秋时期，儒家代表人物是孔子，战国时期，儒家的代表人物为孟子和荀子，孟子的思想主张主要包括仁政、性善论和民本思想，提出了“民为贵，社稷次之，君为轻”的观点。荀子认为人性恶，主张隆礼重法。

（2）道家和阴阳家。

道家的代表人物是庄子，庄子崇尚逍遥自在。以邹衍为代表的阴阳家认为，五行间相互促进又相互制约，提出了“相生相克”理论，代表了中国古代对自然界朴素的科学认识。

（3）墨家和法家。

墨家和法家分别代表下层平民利益和新兴地主阶级利益。墨家的代表墨子提倡节俭，主张“兼爱”“非攻”，还提出了“尚贤”的政治主张，《墨子》一书，记载了许多关于生产技术和科学的知识，反映了当时人们对科学的认识水平。法家代表韩非，主张以法为工具管理国家，控制臣民，体现了中央集权的政治思想。

百家争鸣是春秋战国时期社会经济发展、阶级关系变化在思想领域内的反映，是中国历史上第一次波澜壮阔的思想解放运动。它不仅为新兴的地主阶级登上历史舞台奠定了思想理论基础，而且成为后世中华思想文化的源头活水，影响深远。

2. 孔子和老子

孔子，前 551—前 479 年，名丘，字仲尼，出生于春秋后期鲁国的没落贵族家庭。他是儒家学派的创始人。针对礼崩乐坏、社会动荡形势，他就伦理、政治重建提出主张，其核心是“仁”，意为关爱他人。孔子是伟大的教育家，他主张有教无类，打破贵族阶层垄断文化教育的局面，推动了私学的发展。孔子的教育思想极为丰富，如因材施教、启发式教学、德才兼备的人才思想，是中华民族优秀的文化遗产。相传，他晚年编订和整理了《诗》《书》《礼》《易》《春秋》5 部书，即儒家的“五经”，对夏、商、西周文化传承做了重要贡献。他的主要思想和言论记载在其弟子整理的《论语》中。

老子，前 571—前 471 年，姓李，名耳，字聃，为春秋后期楚国人。他是道家学派创始人，将天地万物本源归结为抽象的“道”，指出“人法地，地法天，天法道，道法自然”，追求天人合一。老子的思想包含着朴素的辩证法，指出事物存在着相互依存、相互转化、对立统一的矛盾，认为物极必反，柔能克刚。老子在政治上对现实不满，反对制度束缚，主张顺其自然，无为而治，甚至退回到小国寡民的时代，其观点见于《老子》一书。

趣味小知识：全世界的聪明人扎堆出现了

公元前5世纪，全世界的聪明人都诞生了。孔子比释迦牟尼小14岁，孔子死后10年，古希腊的苏格拉底诞生。古希腊最聪明的哲学家亚里士多德，比孟子大12岁，比庄子大15岁。阿基米德和韩非子之间相差7岁。

三、春秋与战国时期的战争

春秋和战国时期的战争逻辑有着本质不同。春秋时期的战争是贵族的游戏，以荣誉为目标，战争规则明确。礼仪性大于实用性，不以杀戮为目的，点到为止。而战国时代，战争却是功利的，目的是直接消灭对方的国家，掠夺对方的人口。“不择手段”成了战争的主要手段。春秋时代一个重要的战争规则是“师不伐丧”，如果一个国家出兵时遇到对方国君去世，就要主动退兵。然而从春秋后期开始，特别是到了战国时代，对方国君去世之时却成了己方出兵的最佳时机。

趣味故事：春秋和战国时期的战争

春秋时期的战争：《左传·昭公二十一年》记载的宋国公子

城与华豹之战就十分典型。双方战车在赭丘求相见，华豹张弓搭箭向公子城射来，结果却偏离目标。华豹动作敏捷，又一次搭箭上弦，公子城对他不屑地大喊："不更射为鄙。"意思是战争的规则是双方一人一箭，你射了我一箭，现在轮到我射你了，你不守规则，太卑鄙了。华豹闻言放下弓，等公子城张弓，结果公子城一箭射死华豹。史书并没有嘲笑华豹愚蠢，相反，却肯定他以生命维护了武士的尊严。

战国时期的长平之战：秦国以白起为主将，赵国由廉颇为主将，双方在长平地区集结近百万大军，廉颇采取固守战略，秦军久攻不下。秦国使用离间计，赵王撤换廉颇，改派赵括担任主将。赵括上任后，开始积极进攻秦军。秦将白起则设下陷阱，诱使赵军深入，经过长时间的围困和激战，赵军因粮尽援绝而投降。秦军坑杀了近40万赵国俘虏。

项目六　文化旅游资源

一、世界文化遗产

1. 周口店北京人遗址

周口店北京人遗址位于北京西南房山区的龙骨山，背靠峰峦起伏的太行山脉，面临广阔的华北平原，山前有河流经过，充足的水源和天然洞穴，为远古人提供了优越的自然环境。遗址中发现有生活在70万~20万年前的直立人、20万~10万年前的早期智人以及3万年前左右的晚期智人化石，同时，还发现了数百种动物化石、近十万件石制工具和丰富的人类用火遗迹。

周口店遗址共发现不同时期的各类化石和文化遗物地点 27 处，出土人类化石 200 余件，石器十多万件以及大量的用火遗迹及上百种动物化石等，成为举世闻名的人类化石宝库和古人类学、考古学、古生物学、地层学、年代学、环境学及岩溶学等多学科综合研究基地。

周口店北京人遗址博物馆位于北京市房山区周口店大街 1 号，2005 年被国家旅游局评为国家 4A 级旅游景区，博物馆由周口店遗址博物馆和周口店遗址两部分组成，是一处集研究、收藏、展览、展示、科普教育、文化交流于一体的自然科学类的博物馆。

2. 杭州良渚文化遗址

良渚遗址位于长江下游环太湖流域，遗址分布区地形地貌为丘陵山地与平原过渡地带的山间河网冲积平原。距今 5300~4300 年前，持续发展约 1000 年。

良渚遗址向人们展示了新石器时代晚期一个以稻作农业为支撑、具有统一信仰的早期区域性国家。其主要包含城址、外围水利系统、分等级墓地（含祭坛）等系列遗址、良渚玉器等 4 类主要人工遗存，揭示公元前 3300—前 2300 年间，环太湖地区形成了以稻作农业为支撑、具有复杂的社会分工、城市文明、统一信仰等为标志的早期国家形态。古城与水坝等大型建造工程和专业的治玉工艺流程，展现出非凡的大型工程组织能力和明显的社会分工；代表性玉器“玉琮”上的神人兽面纹，展现了这个区域性早期国家的统一信仰。

良渚遗址自发现 80 多年来，不断取得考古发掘和学术研究的重大成果。近年来，随着学术研究国际参与的不断加强，“良渚声音”在世界范围内不断传播和扩大。2019 年，良渚古城遗址被列入世界文化遗产，作为实证中华 5000 多年文明史的圣地，其价值得到了国内外学术界的关注和认可。

3. 安阳殷墟遗址

殷墟位于河南省安阳市西北的洹河两岸，是商朝后期都城遗址，距今有

3300年的历史。周灭殷后，曾封纣之子武庚于此，后因武庚叛乱被杀，殷民迁走，逐渐沦为废墟，故称殷墟。2006年7月，殷墟入选《世界遗产名录》，成为我国第33处世界文化遗产。

殷墟总面积约29.47平方公里，总体布局以小屯宫殿宗庙区为中心，沿洹河两岸呈环形放射状分布。现存有宫殿宗庙区、王陵区、洹北商城、后冈遗址和众多聚落遗址（族邑）、家族墓地群、铸铜遗址、制玉、制骨作坊等众多遗迹。雄伟的宫殿宗庙建筑、等级森严的王陵大墓、星罗棋布的居住遗址、家族墓地，密布的手工作坊等，还有以甲骨文、青铜器为代表的文化遗存，展现了殷商王都的王者气派。

妇好墓是殷墟宫殿宗庙区内最重要的考古发现之一。此墓随葬品不仅数量巨大，种类丰富，而且造型新颖，工艺精湛，堪称国宝，反映了商代高度发达的手工业制造水平。出土青铜器种类繁多，器形厚重，纹饰繁缛，铸造工艺高超。其中，后母戊鼎最负盛名，大鼎高133厘米，口长110厘米、口宽79厘米，重832.84千克，是至今发现的世界上最大的青铜器，代表了中国古代青铜文化的最高水平。

自1899年甲骨文发现和1928年殷墟科学发掘以来，殷墟大量的都城建筑遗址和以甲骨文、青铜器为代表的丰富的文化遗存，展现了中国商代晚期辉煌灿烂的青铜文明，奠定了殷墟作为中国古代第一个有文字可考的古代都城的地位。

4. 山东曲阜三孔

孔子的庙宇、墓地和府邸位于山东省曲阜。孔庙、孔林、孔府于1994年被联合国列入《世界遗产名录》。

孔庙始建于公元前478年，为纪念孔子而建，千百年来屡毁屡建，到今天已经发展成超过100座殿堂的建筑群，是历代儒客朝拜之地。孔庙内碑刻众多，这里不仅是书法艺术的宝库，也是研究中国古代历史、文化、艺术的珍贵资料。孔庙不仅是祭祀孔子的场所，更是儒家文化的重要象征和传播中心。

孔林是孔子及其家族的墓地，这里不仅包含孔子的坟墓，而且他的后裔中，有超过 10 万人也葬在这里。孔林占地 2000 余亩，是我国规模最大、持续年代最长、保存最完整的一处氏族墓葬群和人工园林。孔林内碑刻林立，这些碑刻不仅记录了孔子及其家族的历史，还展示了中国古代的丧葬习俗和礼仪。

孔府是孔子嫡系子孙居住的地方，也称“衍圣公府”，建于宋代，明嘉靖年间改建后成为中国仅次于北京故宫的贵族府第。孔府保存了大量的历史文物和珍贵典籍，如《孔子家谱》《衍圣公府档案》等，是研究儒家文化的重要场所。

孔庙、孔林、孔府是东方建筑的杰出代表，承载了深刻的历史内涵。儒家思想的丰富内涵与传承对全球文明以及人类社会的发展都有启迪作用。

5. 青城山—都江堰

青城山位于四川省都江堰市西南，是中国道教的发源地。早在先秦时期，青城山就已闻名遐迩，被秦王朝列为国家祭祀的十八处山川圣地之一。汉代时，青城山逐渐成为道教修炼圣地。魏晋南北朝时期，青城山逐渐形成了自己的特色。唐代，青城山道教达到鼎盛，道教宫观如雨后春笋般涌现，建福宫、上清宫、祖师殿等著名宫观均在这一时期或之后建成。

青城武术融养生、修行、技击、演练为一体，融合了道教的哲学思想，形成了独特的武术流派。青城洞经音乐是集古蜀巫乐、道教音乐、佛教音乐、儒家音乐、宫廷音乐和民间音乐之大成的音乐形式，不仅是道教文化的重要组成部分，也是中国传统音乐的瑰宝。

都江堰位于四川盆地西缘，岷江之上，公元前 256 年，秦国蜀郡太守李冰及其子率众修建了都江堰水利工程。这一工程巧妙地利用地形和水势，科学地解决了江水的自动分流、自动排沙、自动排水和引水等问题，成为古代水利工程的杰出代表，至今控制着岷江的水流，灌溉着成都平原肥沃的农田。都江堰水利工程由鱼嘴、飞沙堰、宝瓶口三大工程构成，实现了“四六分水、二八排沙”的神奇效果。都江堰不仅是中国水利工程技术的伟大奇迹，也是世界水利工程的璀璨明珠。它最伟大之处是建堰 2250 余年来，持续发挥着作用。都江堰的修建，以不破坏自然资源，充分利用自然资源为人民服务为前提，变害为利，使人、地、水三者高度和谐统一，是人类与自然融合的典范。

6. 左江花山岩画

在广西壮族自治区崇左市，凡被称为“花山”者，崖壁上均绘有岩画。左江花山岩画文化景观沿左江及其支流明江密集分布，从上游的宁明县珠山岩画开始，截至下游的江州区万人洞山岩画，共包含了38个岩画点，109处岩画，4050个图像，沿江分布，总长度105公里。

左江花山岩画由生活在左江沿岸的壮族先民骆越人绘制，其绘制年代可追溯至战国至东汉时期，距今已有2000多年的历史，是世界上单体最大、保存最完好的一处岩画。岩画中的图像包括人物、动物和器物三类，以人像为构成主体，画面多为众多的侧身人像围绕着一个形象高大、装束特殊的正身人像，表现的是一种受某种观念制约的集体舞蹈，是人们举行原始宗教祭祀时集体歌舞的场面。

这些岩画如同一部先民的历史长卷，展现了他们的生活和信仰。2008年奥运会开幕式上，在文艺表演的广场中心出现了一幅巨大的花山岩画，解说词向世界宣读：“左江流域岩画是壮族文明发祥地之一。”从此花山岩画得以登上世界历史文化的光辉殿堂。

二、历史文化名城

先秦时期，涌现了许多著名的城市，这些城市不仅是当时政治、经济、文化的中心，也是研究古代文明的重要窗口。如临淄、邺（安阳）、邯郸、徐州、洛阳、西安、苏州、会稽、大梁（今河南开封）等。

1. 安阳

安阳古称殷、邺城，位于河南省北端，晋、冀、豫三省交界处；西隔太行山，与山西省长治市相望；北濒漳河，与河北省邯郸市毗邻。安阳在中国历史上具有举足轻重的地位，其历史文化底蕴深厚，是华夏文明的重要发祥地之一。

约公元前1300年，商代第20位国王盘庚迁都安阳，称殷都，是安阳历史上最为辉煌的时期之一。商朝在安阳传8代12王，历时273年，孕育了灿烂的殷商文明。甲骨文作为当时的主要文字形式，在安阳的殷墟被发现，是历代中国文字的始祖，对人类文明做出了巨大贡献。

先秦及三国两晋南北朝时，先后有商朝、曹魏、后赵、冉魏、前燕、东魏、北齐等在此建都，故安阳市有“七朝古都”之称。春秋时期，安阳先属卫国，后属晋国；战国时期，安阳属魏国，后又属赵国。安阳之名，始于战国时期的魏国。

安阳市知名的文化旅游资源有：殷墟、岳王庙、中国文字博物馆、曹操高陵遗址博物馆等。

2. 临淄

临淄地处鲁中丘陵与鲁北平原交接地带，位于淄博市东北部，交通便利，为古代经济、文化交流的中心。临淄历史悠久，境内后李文化遗址发掘证明，距今已有8000年左右。周朝建立后，封太公姜尚于齐地，建立周代齐国，都治营丘，公元前859年，因营丘紧临淄水，所以改名临淄。

临淄是齐国的政治中心，多位齐王在此治国理政，实施了一系列富国强兵的改革措施，如齐桓公的“尊王攘夷”和管仲的经济、政治改革。临淄以工商发达而著称，是当时的工商业中心，市场繁荣，人口众多。齐国通过发展盐铁业、对外贸易等，实现了经济的快速增长，使临淄成为“富冠海内，天下名都”。

战国时期，临淄建立了稷下学宫，这是中国历史上第一所集讲学、著述、育才活动为一体并兼有咨政议政作用的高等学府，临淄由此成为当时的思想学术中心，吸引了众多学者前来交流学习。

趣味小知识：苏秦眼中的临淄

苏秦描绘了战国时期齐国都城临淄的景象：临淄富裕且生活充实，居民生活丰富多彩，包括吹竽、鼓瑟、弹琴、击筑、斗鸡、走狗、六博、蹴鞠等多种娱乐活动，展示了临淄居民的文化娱乐生活。此外，苏秦还描述了临淄街道上的繁忙景象，车辆拥挤，人们摩肩接踵，甚至连衣襟都能形成帷幕，挥汗如雨，描绘了临淄的繁华，居民怡然自得，喜气洋洋。

3. 邯郸

邯郸位于河北省南部，西依太行山脉，东接华北平原，与晋、鲁、豫三省接壤。邯郸历史悠久、文化灿烂，具有8000多年的文明史和3100多年的建城史。战国时期，作为赵国都城达158年，邯郸在这一时期发展迅速，成为黄河北岸地区规模最大的工商业城市，作为赵国的都城，邯郸是当时的政治、经济、文化中心，吸引了大量的人口和物资。同时，邯郸也是重要的工商业城市，其手工业、商业等都非常发达。

西汉时期，邯郸为赵国（藩国）王都，除国都长安外，与洛阳、临淄、成都、宛城（今河南南阳）共享“五都盛名”。

趣味小知识：中国成语典故之都：邯郸

出自邯郸或与邯郸有关的成语典故达1584条，脍炙人口的胡服骑射、将相和、完璧归赵、脱颖而出、黄粱美梦、邯郸学步、负荆请罪、奉公守法等成语典故皆源于此，被誉为“中国成语典故之都”。

三、知名景点

1. 二里头文化遗址

二里头遗址位于洛阳盆地东部的偃师区境内，南临古洛河、北依邙山、背靠黄河，其年代约为距今3800~3500年前，相当于古代文献中的夏、商王朝时期。

二里头遗址是迄今所知东亚地区青铜时代最早的大型都城，是中国青铜礼制的开创者，更是夏商周王朝乃至整个古代中国重要政治制度、身份认同和文化思想的奠基者。

遗迹内包含宫殿建筑基址、平民居住址、手工业作坊遗址、墓葬和窖穴等；出土的器物有铜器、陶器、玉器、象牙器、骨器、漆器、石器等。其中的30多座夯土建筑基址，是迄今为止中国发现的最早的宫殿建筑基址群。

二里头文化与二里头都邑的出现，表明当时的社会由"满天星斗"式的若干相互竞争的政治实体并存的局面，进入到"月明星稀"式的广域王权国家时期。作为东亚大陆最早的广域王权国家遗存，二里头文化堪称"最早的中国"。二里头文化的文明底蕴通过商周时代王朝间的传承扬弃，成为华夏文明的主流。二里头遗址对研究华夏文明的渊源、国家的兴起、城市的起源、王都建设、王宫定制等重大问题具有重要的参考价值。

2. 三星堆文化遗址

三星堆文化遗址位于四川省广汉市三星堆镇，成都平原北部，沱江支流湔江南岸。这一位置赋予三星堆得天独厚的自然条件，使其成为古代文明交流的枢纽。

三星堆文化遗址距今4800~2800年，总面积约12平方公里。其核心区域为三星堆古城，面积约为3.6平方公里，是四川盆地目前发现的夏商时期规模最大、等级最高的中心性遗址。

三星堆文化遗址以其独特的青铜器、金器、玉器等闻名于世。遗址内出土的大批青铜雕像、金杖、金面罩等珍贵文物，填补了中国青铜文化和青铜艺术史上的空白，大量实物也证明了古蜀国的存在。尽管未发现可识读的文字，但遗址中发现的早期城市遗迹、高度发达的青铜文明、大型宗教祭祀场所等，均表明古蜀国在商周时期已具有较为强大的综合实力。

三星堆的青铜器造型各异，既有明显的蜀文化痕迹，又融合了其他地域文化的特征。这种“杂交”特征的青铜文化，证明了中华文明起源的多元性。三星堆文化遗址中的宗教祭祀场所和遗物揭示了古蜀人的宗教信仰和社会形态。先民们以太阳神为主神崇拜，形成了一套较为完善的宗教礼仪祭祀制度，这对于研究古代宗教发展和社会组织的演化有重要意义。

课后作业

一、简答题

1. 西周、东周、春秋、战国关系是什么？春秋、战国时期的霸主有哪些？

2. 诸子百家有哪些主要的流派？请说明这些流派的主要思想。

3. 介绍三星堆遗址的古蜀秘宝（任选 3~5 件）。

4. 介绍都江堰水利工程（文字版或者视频）、四川三星堆遗址。

二、设计题

1. 假设你穿越到了先秦时期，变成了孔子、老子、屈原、伍子胥、吴王夫差、越王勾践中的某一个人，请任选一人为自己设计一份人生履历表。

2. 三星堆文化遗址一经面世，便震惊了全世界，每年都会吸引大量的游客前往观光、学习，请根据三星堆文物的特点，为本班级同学设计一堂 45 ~ 60 分钟的研学课程。

第二章 秦汉历史与文化旅游资源

本章导读

秦汉王朝，从公元前221年到公元220年，是中国历史上第一个封建大一统的时代，也是统一的多民族国家的奠基时期。秦汉王朝开创的一系列制度，为以后历代封建统治者所沿袭。两汉时期，中国的经济发展程度和科学技术研究水平，走在同一时期的世界前列。与秦汉大体同时，东西方出现了几个大的帝国。随着公元前2世纪丝绸之路的开辟，中国与世界逐步建立起联系。中国辉煌灿烂的文化开始影响世界，世界优秀的文明成就也逐渐融入中国文化。

学习目标

- 理解秦汉时期统一多民族国家的建立在中国历史上的意义；
- 能分析秦朝统一的原因和崩溃的原因；
- 能分析两汉衰亡的原因；
- 能分析后汉时期的社会现象；
- 能赏析秦汉时期优秀的文化旅游资源，并能够进行相应的产品设计。

项目一 朝代脉络介绍

公元前221年，秦朝建立，嬴政号称始皇帝。皇字取自“三皇”，帝字取自“五帝”，皇帝是“三皇五帝”的合称。嬴政认为他的大一统功绩是：“上古以来未尝有，五帝所不及”。

秦始皇统治时期，百役酷重，刑法严苛，以至民不堪命。公元前209年，陈胜、吴广发动了农民起义。起义蔓延后，陈胜失败，项羽、刘邦领导的反秦势力日益壮大。公元前207年，项羽、刘邦军队攻入咸阳，秦朝二世而亡。公元前206—前202年，刘邦和项羽开展了长达5年的楚汉战争，最终项羽被刘邦击败。

公元前202年，刘邦建立汉朝，定都长安，史称西汉，刘邦即汉高祖。西汉后期，政治日趋黑暗，土地兼并严重，破产农民沦为奴婢或流亡，社会动荡不安。9年，外戚王莽夺取皇位，改国号为“新”，西汉灭亡。王莽针对西汉后期的社会矛盾进行了一系列改革，但因措施不合实际，激化了社会矛盾。王莽统治末年，农民起义再次爆发，推翻了王莽政权。

25年，西汉宗室刘秀重建汉朝，定都洛阳，史称东汉，刘秀即光武帝。东汉末年，豪强地主势力发展迅速，土地兼并严重，阶级矛盾突出。多地爆发农民起义，地方长官趁机拥兵自重，军阀割据局面出现，东汉政权名存实亡。

项目二 地理概念及关键历史事件

一、地理概念

1. 东西部的咽喉——河西走廊

河西走廊缘起于欧亚板块和印度次大陆板块的碰撞。这次碰撞导致了青藏高原的隆起。河西走廊东起乌鞘岭，西至古玉门关，南北介于南山（祁连山和阿尔金山）和北山（马鬃山、合黎山和龙首山）间，长约900公里，宽数公里至近百公里，为西北—东南走向的狭长平地，夹在青藏高原与内蒙古高原之间，形如走廊，因位于黄河以西，又称“河西走廊”。地理学界将这里称为走廊，不仅因为其地形像走廊，更在于河西走廊在中国的大地上拥有重要地位。这里地处东西交通的咽喉地带，依靠祁连山冰雪融水形成的绿洲，成为东西交通大道上的物资支撑点。为了控制这条道路，汉代不仅设置河西四郡，还在冲要地带修建了关口，即河西走廊西端的阳关、玉门关。河西走廊是东西方交融的见证。

2. 西域

汉以后对玉门关、阳关以西地区的总称，始见于《汉书·西域传》。狭义的“西域”专指葱岭以东。广义的“西域”则指经狭义的西域所能到到达的所有地区，包括亚洲中西部，印度半岛，欧洲东部和非洲北部在内。

河西走廊是连接中原与西域的重要通道，西域地区是丝绸之路的重要节点。

中原王朝与西域商贸往来频繁，丝绸、茶叶、瓷器等中国商品通过丝绸之路流向西域，而西域地区的宝石、马匹、香料等物品也进入了中原。

二、关键历史事件

1. 秦统一后的各项措施

（1）政治措施。

废封建，置郡县。在中央设置丞相、御史大夫和太尉，即“三公”。在地方废除分封制，推行郡县制，县下设乡、里等基层行政组织。

（2）经济措施。

实行土地私有制，按亩纳税，按丁服役；统一度量衡，统一货币；统一车轨、驰道和游驿。有利于商品经济发展和国家的统一。

（3）文化措施。

书同文，将小篆作为标准字体；焚书坑儒，加强思想控制；收天下的兵器将其聚集到咸阳销毁，铸造“钟”“据”和十二个铜人；迁徙六国贵族豪强到关中、巴蜀等地，整顿社会风俗等。

（4）军事措施。

其一是派蒙恬斥逐匈奴，收取河南的地方（今河套），于公元前213年，修筑长城，“起临洮，迄辽东，延袤万余里”（连接战国时期的长城旧址，所经之处是如今的河套和阴山山脉之北，东端在朝鲜境内，非今长城）。其二是发兵掠取南越的地方，置南海、象、桂林三郡。

2. 楚汉之争

秦亡，项羽自称西楚霸王，封刘邦为汉王。公元前206—前202年，刘邦和项羽开展了长达5年的争霸战争，史称“楚汉战争”。刘邦顺应天下一统的大势，知人善任，勇于纳谏，以关中为根据地，终于由弱变强，击败项羽。项羽对大一统缺乏正确认识，烧杀抢掠，失去民心，不善于用人，终于由强变弱。最终，在垓下之战，项羽被汉军围困，四面楚歌，自刎于乌江。刘邦取得了楚汉之争的最终胜利，建立了汉朝。楚汉之争期间，产生了许多家喻户晓的成语故事，如鸿门宴、背水一战等。

趣味知识：楚汉之争与韩信有关的成语

在楚汉之争中，与韩信有关的成语有多个，这些成语不仅反映了韩信的智勇双全，也揭示了他在战争中的策略和智慧。如“背水一战”“成也萧何，败也萧何”“明修栈道，暗度陈仓”“胯下之辱”“一饭千金”“国士无双”“多多益善”“十面埋伏”“功高震主”等。

3. 七国之乱与推恩令

七国之乱是发生在西汉景帝时期的一次诸侯国叛乱。西汉初期，为了巩固统治，汉高祖刘邦分封了大量同姓诸侯王，实行郡国并行制。这些诸侯王在封国内拥有强大的武装、财政和司法权力，逐渐形成了独立于朝廷之外的小王国。汉景帝即位后，为了加强中央集权，采纳了御史大夫晁错的建议，实行削藩政策，先后下诏削夺楚、赵等诸侯国的封地。这一举措触犯了诸侯王的利益，引发了他们的反抗。吴王刘濞等人联合其他诸侯王以“清君侧”为名发动叛乱，但叛乱不得人心，三个月内即被平定。七国之乱是地方割据政权与中央集权之间矛盾的产物。

汉武帝时期，为了加强中央集权，颁布了“推恩令”。“推恩令”规定诸侯王死后，嫡长子继承王位，其他子弟分割王国部分土地成为列侯，列侯归郡统辖。结果王国越分越小，诸侯王的势力被削弱，中央集权得到强化。

4. 张骞出使西域

西汉初年，匈奴征服西域各国，掠夺了大量财富，与大月氏争夺河西走廊，迫使大月氏西迁。汉武帝即位后，为反击匈奴，决定联合大月氏共同抗击匈奴，于公元前 138 年派张骞出使西域寻找大月氏，经历了艰苦卓绝的 13 年，最终归国，虽然没有完成最初的使命，但是张骞获得了大量的西域资料，也向各国介绍了汉朝的情况，司马迁将张骞的行为称为“凿空西域”。公元前 119 年，张骞第二次出使西域。诸侯国纷纷派使者回访汉朝，与西域各国建立起友好关系。

张骞出使西域之前，人们已经通过河西走廊往来于中原和西域之间，出使西域后，这种交往更频繁，规模更大。西域的良马、骆驼、奇禽异兽、皮毛制品、葡萄、核桃、胡萝卜等植物以及音乐、舞蹈源源不断东来中原。中原的丝绸、瓷器、金属工具、铸铁技术等传到了西域及更远的地方。

趣味小知识：探险家张骞

甘肃省敦煌市的大型实景演艺项目《又见敦煌》演出最开始的一幕便是张骞西域归来，他衣衫褴褛，手持符节，大声地问守城官兵：这里是敦煌吗？连问 3 遍，得到肯定回答后，张骞激动不已，之后整个演出便拉开了序幕。

从公元前139年出发，到公元前126年回来，历经13年，张骞已经40岁了，当他再次看见长安城时，这个意志力惊人的男人长跪不起，哭得像个孩子。张骞虽然没有完成联合大月氏攻打匈奴的任务，但是却带回了西域的详细材料，为汉武帝攻打匈奴提供了重要情报。另外，他的壮举也促进了中西方物资、文化、科技的交流。

5. 设立西域都护府

公元前60年，西汉设立西域都护府，都护府设在乌垒城（今新疆巴州轮台县），管理西域军事政治，保护商旅往来。西域都护的设置，标志着西域开始正式归属中央政权，西域从此成为我国领土不可分割的一部分。东汉初年无力顾及西域，西域南北道各国重新被匈奴控制。东汉明帝时期，班超开始经营西域，西域与内地联系再次加强，班超被任命为西域都护，管辖西域。

6. 昭君出塞

西汉中叶，匈奴陷入了连年内乱之中，本已岌岌可危的胡汉关系又一次面临着历史的抉择。匈奴首领呼韩邪单于为了匈奴的统一，审时度势，决意与汉朝盟好。他向汉元帝请婚。公元前33年，汉元帝将宫女昭君作为公主，远嫁呼韩邪单于。昭君出塞，密切了汉匈关系，互市兴旺起来，40多年间，汉匈双方和睦相处。

趣味小知识：关于昭君

王昭君原名王樯，字昭君，出生于秭归香溪水畔一个平民之家，因色艺俱佳，被选入汉宫中。她与貂蝉、西施、杨玉环并称中国古代四大美女，是中国古代四大美女之一。成语中的沉鱼落雁、画工弃市都是记载她的典故。由于昭君不愿意贿赂画师毛延寿而被画丑，错失被皇帝选中的机会。呼韩邪单于向汉元帝请婚，皇帝将昭君许配给了呼韩邪单于，出行当天，汉元帝发现昭君如此美貌，愤怒的皇帝杀掉了画师以解心头之恨。昭君出塞的故事对中国古代历史和文化产生了深远的影响，许多诗人、文人都以此为题材，创作了优美的诗词和文章。在这些诗中，最为人推崇的是杜甫的《咏怀古迹（其三）》：群山万壑赴荆门，生长明妃尚有村。一去紫台连朔漠，独留青冢向黄昏。画图省识春风面，环佩空归夜月魂。千载琵琶作胡语，分明怨恨曲中论。

7. 王莽新政

9年，王莽上台后，推行"王田"制、货币改制、五均六筦等制度。"王田制"，即废除土地私有制，实行土地国有制，私人不得买卖，附着在土地上的奴婢也不得买卖；改革币制五次，由于货币种类太多，换算困难，流通不便造成社会经济秩序混乱；推行五均六筦，其是价格管理和国家垄断政策，旨在稳定物价，维护国家经济政策。

王莽的立心虽然是为民请命，然而所行的政策有悖经济学原理，不切实际，改革遭到各方反对，引发社会动荡，很快失败。沉重的赋役、战争的破坏、残酷的刑罚导致民不聊生，民众纷纷起义，最终汇成绿林、赤眉等起义军，王莽政权被推翻。

趣味小知识：王莽是现代穿越回去的吗？

王莽新政中，废除奴隶制、禁止土地买卖、稳定物价等举措看似具有社会主义倾向，因此，他被戏称为"穿越第一人"。其实，王莽非但不是一个穿越者，还是一个复古主义者。他制定的改革举措，都是想恢复周朝的礼制。王莽信奉儒家思想，他认为天下要恢复到孔子所倡导的"礼崩乐坏"前的时代，社会才能有序和谐。所以他的一系列改制，不是把新现代社会的做法搬过去了，而是仿照周朝的制度在推行新政。但是其改革缺乏社会土壤，很快就失败了。

8. 黄巾起义

东汉时期，豪强地主势力发展迅速，土地兼并严重，阶级矛盾日益尖锐。184年，张角创立的民间秘密宗教"太平道"信徒，在多个地方同时发动起义。起义军头裹黄巾，称"黄巾军"。起义军虽然相继被官兵各个击破，但黄巾起义动摇了东汉王朝的统治基础。地方长官趁机拥兵自重，军阀割据局面出现，东汉政权名存实亡。

项目三 内外交往

一、对内交往

1. 汉匈关系加强

匈奴诞生于今内蒙古河套及大青山一带，是一个逐水草而居的游牧部落。战国早期，匈奴便开始在赵国和秦国北部出没。战国末期，匈奴内部出现统一趋势，头曼单于是第一个统一整个匈奴的首领，这一时期的匈奴仍无法与中原抗衡。秦统一六国后，派蒙恬以30万秦军北向攻打匈奴，胡人不敢南下牧马，各自分散的小部落不得不连成大的部落联盟，以应对中原的压力。为了获得一劳永逸的效果，从秦始皇三十三年（前214年），在崇山峻岭之上将秦、赵、燕古长城连接起来，组成了一条西起临洮，东至辽东的万里长城。秦二世元年（前209年），冒顿单于（头曼单于之子）弑父自立，建立起强大的匈奴帝国，东亚大陆上农耕帝国与草原帝国的历史拉开序幕。

匈奴和汉朝的兵衅，源自公元前200年，韩王信投降了匈奴，之后屡次率兵南侵，骚扰汉朝边境。汉高祖刘邦亲率大军征讨韩王信，被围困于平城（山西大同）白登山，七日乃解。在与匈奴的战争中失利，不得不与匈奴“和亲”。汉武帝时期，西汉依靠强盛的国力，对匈奴展开了长达10年的军事反攻。其中，卫青、霍去病在公元前127年、公元前121年两次河西之战中大败匈奴，匈奴遭受重创，被迫离开河西走廊，迁徙漠北。公元前121年，汉朝在河西走廊设置了河西四郡：张掖、武威、敦煌和酒泉，此后，汉朝同西域的交通被打开。

趣味小知识：《匈奴歌》

汉武帝时期，卫青、霍去病、公孙敖、李广等名将等经过两次河西之战后，基本把匈奴赶出了河西走廊。失去河西走廊对于匈奴来说，不仅是军事上的惨败，在经济上也遭受重大的损失。祁连山不仅是匈奴的牧场，更是他们生存和发展的基础。失去了祁连山（匈奴语，天山），意味着失去了良好的牧场，于是匈奴人哀歌曰：“亡我祁连山，使我六畜不蕃息；失我焉支山，使我妇女无颜色。”

东汉初年，由于自然灾害、内部斗争、汉朝的军事压力等，导致匈奴分裂为南北二部，南匈奴向汉称臣，与汉人杂居，逐渐融入中原文化。北匈奴退居漠北，实力虽然有所削弱，但依然威胁着中原及河西、西域。73年和89年，东汉先后派出大将窦固、窦宪出击，大败匈奴，北匈奴政权瓦解，对东汉和西域的危险解除。北匈奴政权瓦解后，鲜卑族逐步西进，占据匈奴故地，原来的匈奴一众，一部分西迁，一部分与迁入的鲜卑人融合，也称鲜卑。这些民族在随后的历史中也对中原王朝产生了重要的影响。

趣味小知识：匈奴与罗马帝国的关系

北匈奴受到东汉的沉重打击后，往西迁徙到中亚，在中亚停留一段时间后，部分匈奴人继续西进，在4世纪晚期，到达黑海沿岸。匈奴人的战斗力极其强大，在其压力下，原来生活在罗马帝国边境上的西哥特人被迫离开原来的生存领地，进入罗马帝国境内。378年，西哥特人(东日耳曼人的一支)大举入侵罗马帝国，杀死罗马皇帝。之后，6个部族的日耳曼人相继入侵罗马帝国，他们的入侵导致罗马帝国的分裂。因此，在某种意义上，汉朝打击匈奴的战争是罗马帝国分裂的一个间接因素。

2. 经略西南夷和百越

汉武帝时，派唐蒙经略西南夷，唐蒙至夜郎，夜郎侯请求改夜郎为郡县。汉以此为契机，在西南夷地区建立了犍为、牂牁等郡，滇后来也改为郡。两汉在西南地区实行双轨统治，既任命郡太守、县令，又封当地部族长为王侯、邑长。

汉朝时，华东、华南地区的越人部族众多，总称“百越”。其中，温州一带的越人称“东越”，两广地区的越人称“南越”。汉朝在百越地区推行郡县制，利用当地的首领和部族治理百越，鼓励中原地区的民众迁移到百越地区进行垦殖。这些移民带来了先进的农业技术和生产工具，提高了百越地区的农业生产水平。

趣味小知识：南越国

两千多年前，在岭南地区，曾存在过一个强盛的王国——南越国。它是中国历史上第一个在岭南建立的政权，对岭南社会产生了深远影响。秦亡后，天下大乱，秦朝官员赵佗来到了岭南地区，于公元前204年，建立了南越国。在赵佗的治理下，南越国迅速崛起，成为岭南强国。赵佗去世后，其后代继承王位，最终在公元前111年，被汉武帝所灭，历时93年。

南越国建立之初，都城位于番禺（今广州市番禺区），后来迁至佗城（今河源市龙川县）。南越国全盛时疆域包括今广东、广西（大部分地区）、福建（小部分地区）、海南、香港、澳门和越南（北、中部大部分地区）。南越国海上交往为海上丝绸之路的形成奠定了基础。

现在关于南越国的国际交流较多。如南越王博物院举办“从广州出发——‘南海Ⅰ号’与海上丝绸之路”展览，展现了南越国与海外交流的历史；还举办了“四海通达——海上丝绸之路（中国段）文物联展”，聚焦海上丝绸之路的历史和文化价值，强调了南越国的重要角色。

二、对外交往

1. 与朝鲜、日本、越南的交往

西汉初年，朝鲜半岛上的部落与汉朝来往密切。半岛南部的三韩曾多次派人赴汉，觐见汉武帝和光武帝，加强了双方的联系。双方还保持着密切的贸易往来。朝鲜特产檀弓、果下马等传入中国，中国的铜镜、漆器等工艺品、铁质生产工具输出到朝鲜。

两汉时期，中越之间的经济文化联系密切，越南的象牙、犀牛、玳瑁、珍珠等输送到中国，中国的铁犁技术、水利工程技术在越南推广；秦汉时期，已经不少中国人前往日本。中日流传的刘福东渡就是其中一例。

2. 与丝绸之路沿线国家的交往

西汉之前，中国丝绸经西北各民族，少量辗转运到中亚、印度等地。张骞出使西域之后，汉与西域的商贸、文化往来更加密切。司马迁在《史记》中称这条沟通中西交通的陆上要道为“孔道”，后世称“丝绸之路”。

西汉时期，西南还有一条从四川地区通过印度的丝绸之路。这条路从四川出发，经云南，过缅甸，最后到达印度。汉武帝以后，汉朝还开辟了与南海诸国及印度、斯里兰卡之间的水上交通线，从事经常性的贸易往来，即“海上丝绸之路”。

安息（伊朗高原上的一个古代国家，核心区是今伊朗）是西亚的大国，与汉代交往频繁，安息利用陆上丝绸之路，与汉朝频繁交往，通过海上丝绸之路，在汉朝与大秦（罗马帝国）之间进行丝绸转手贸易，大获其利。

丝绸之路西逾葱岭后，经许多国家，主要的就是大月氏—贵霜、大夏（阿富汗巴尔赫附近）和安息。大月氏西迁后吞并大夏，建立贵霜帝国。贵霜帝国扼守丝绸之路要冲，自汉朝向西输出的丝织品、漆器、铁制品大部分都要经过这里，商业因此发达起来。贵霜境内出土过汉代的丝织品，新疆叶城、和田一带也出现过贵霜的钱币，汉地的佛教最初是从贵霜传来的。

丝绸之路的开通是划时代的重大事件，以中华文化为特征的东亚文化圈，开始与东亚以外的文化联系起来。通过丝绸之路，中国与中亚、西亚、南亚诸国进行了频繁的经济文化交流。

趣味小知识：“丝绸之路”命名的由来

“丝绸之路”虽然早在公元前已经开通，但是“丝绸之路”这个名字的出现则不到200年。1877年，德国地质学家李希霍芬在其著作《中国》一书中提出“丝绸之路”的概念。他把“从公元前114年至公元127年间，中国与中亚、中国与印度间以丝绸贸易为媒介的这条西域交通道路”命名为“丝绸之路”。

2013年9月，中国国家主席习近平提出建设“新丝绸之路经济带”战略构想。2014年，中、哈、吉三国联合申报的陆上丝绸之路的东段“丝绸之路：长安—天山廊道的路网”成功申报为世界文化遗产。

项目四　社会经济与文化

一、社会经济

1. 农业的发展

秦朝重视兴修水利工程，除继续发挥郑国渠、都江堰等水利工程外，又开通了秦渠、灵渠和江南运河，两汉统治者重视水利建设和水害治理。两汉时，农作物粟、黍、稻和麦得到广泛种植，成为主要粮食作物。北方种植冬小麦，但是也开始种稻，南方普遍种稻。东汉时已有了双季稻，汉水流域还出现了稻麦轮作的种植方法，一年两熟。

2. 手工业的进步

秦朝时期，最重要的手工业是冶铁、冶铜，造船业也有进步，秦朝时的船不仅可以在长江、黄河航行，还可以出海远航。两汉手工业成就突出的是纺织业、冶铸业、制漆业、煮盐业、造船业等。两汉时，丝织水平很高，能织出锦、绣、罗、纱等许多品种的丝绸。湖南长沙马王堆汉墓，出土了素纱禅衣等大量丝织品，马王堆汉墓素纱禅衣仅重49克，纱料质地轻而薄。东汉时，桑麻种植面积扩大，新疆开始种植棉花，有了棉纺织业，羊毛也成为纺织原料。两汉的人很喜爱漆器，制漆业迅速发展，漆树种植面积很大。煮盐是秦汉重要的手工业，汉代开发利用的盐包括池盐、海盐、井盐等。

3. 商业的繁荣

秦汉虽然推行重农抑商政策，但商业仍有发展。秦朝的都城咸阳是全国的商业中心，民间自由经商的人日益增多，出现了不少大商人。

两汉时期，在土地肥沃、农副产品丰富、交通便利、人口集聚的地方，一批名都大邑相当繁华，除西汉国都长安外，还有洛阳、成都、临淄、邯郸、宛五大名都，当时称“五都”，各地较小的都会更是不胜枚举。

两汉的商业空前繁荣。官营、民营商业遍及中原和周边地区，商业通道四通八达。每个城市都设有专供贸易的“市”，如长安有东、西等9市。汉朝同匈奴、鲜卑、乌桓、南越以及西南诸少数民族之间的贸易相当频繁。匈奴“远驱牛马与汉会市”，虽遇战乱也不停止。

汉武帝下令由朝廷统一铸造五铢铜钱，通行全国，各种旧币一律禁止流通。这种五铢钱从汉到隋，历时700多年，基本上一直沿用。

4. 社会生活

秦汉时期，国家统一，经济发展，人们的生活方式和习俗逐渐趋向一致。但是因为地域、民族差异，秦汉的衣食住行方面有多样化的特点。酒成了最主要的饮料，下层人民偶尔能吃上肉。北方人多食羊、猪、狗、鸡，南方人喜欢吃鹅、鸭、鱼、虾。为了保证农耕，禁食牛。相传西汉时，淮南王刘安发明了豆腐，豆腐的发明，在改变人的饮食结构方面有重要作用。

秦汉人出行，常用的交通工具有车、船、舆、轿。车的种类非常多，有以牲畜做动力的马车、牛车和驼车，有以人力推拉的辇车。汉代的陆路交通，除继承和维护秦代的驰道、直道外，又重新修筑了通往巴蜀、西北、北边、岭南以及西南等地的道路。尤为重要的是，修筑了通向河西走廊及西域诸国的通道和通往南越及交趾（今越南）等地的道路。汉代水路交通比秦代发达，北方主要利用渠道，南方多依靠江湖。另外，当时的海运也有了较大的发展。

二、文化

1. 科学与技术

（1）天文历法。

汉武帝时，天文学家制定出中国第一部较完整的历书《太初历》，开始以正月为岁首。东汉科学家张衡从太阳、月球、地球所处的不同位置，对月食做了最早的科学解释。张衡发明的地动仪可以遥测到千里之外地震发生的方位，比欧洲制作地动仪早1700多年。

（2）数学。

西汉初期成书《周髀算经》，率先提出了几何学中重要的勾股定理；东汉《九章算术》是当时世界上最先进的应用数学。

（3）医学。

西汉编定的《黄帝内经》，是中国现存较早的重要医学文献，奠定了中国医学理论基础；东汉《神农本草经》是中国第一部完整的药物学著作；东汉末期张仲景所著的《伤寒杂病论》是中医的重要经典，后人称张仲景为"医圣"。东汉华佗擅长外科手术，被称为"神医"，发明了麻沸散。

（4）造纸术。

105年，东汉蔡伦改进造纸术，6世纪，造纸术传到朝鲜、越南、日本；8世纪传到中亚，并经阿拉伯半岛传到非洲和欧洲，为人类文化发展做出了巨大贡献。

2. 史学和文学成就

（1）史学。

西汉著名史学家司马迁写出了中国古代第一部纪传体通史《史记》。史记共130篇，50多万字，以人物传记为主，编年记事为辅，记载了上至上古传说中的黄帝时代，下至汉武帝太初四年共3000多年的历史。鲁迅誉《史记》为：史家之绝唱，无韵之离骚。

东汉史学家班固写出了中国古代第一部断代史《汉书》。全书主要记述了上起汉高祖元年（前206年），下至新朝王莽四年（23年）共230年的史事。

（2）文学。

两汉文学，以赋和乐府诗最为突出，散文创作的成就也很高。赋的特点是讲究排比、散文韵文并用，缺点是辞藻过于华丽。西汉的赋，气势恢宏，篇幅较长。代表作有司马相如的《子虚赋》《上林赋》等，东汉的代表作是班固的《两都赋》。乐府是采集民间诗歌编选而成的诗歌集，内容涉及生活的各个方面。《十五从军行》《陌上桑》都是乐府名篇。两汉时期的散文名篇有贾谊的《论积贮疏》等。

趣味小知识：乐府名作《长歌行》

长歌行

青青园中葵，朝露待日晞。
阳春布德泽，万物生光辉。
常恐秋节至，焜黄华叶衰。
百川东到海，何时复西归。
少壮不努力，老大徒伤悲。

3. 艺术成就

秦汉雕塑成就辉煌，陶塑精品遗存丰富，包括秦始皇陵兵马俑、奴婢伎乐俑和动物俑三类。秦始皇陵兵马俑表现了秦军队的雄伟气势，被誉为“世界第八大奇迹”。汉朝时，青铜铸像水平高超，发掘于甘肃省武威市雷台汉墓的铜奔马、马踏飞燕具有极高的考古研究价值。其中，“马踏飞燕”的形象被定为中国旅游业标志。

秦汉绘画艺术发达，有墓室壁画，帛画，木刻画、工艺装饰画等。现存于湖南省博物馆的长沙马王堆汉墓出土的彩色帛画，是汉代帛画中的珍品，东汉时期，坟墓或祠堂砖石上往往有线条雕刻，后世称之为画像砖、画像石。

秦汉时期的书法是中国书法史上极为重要的阶段，发展和变迁剧烈。秦代书体以篆书为主，经历了从大篆到小篆的演变，李斯的《泰山刻石》是小篆名作，秦代日常书写的书体非标准的小篆，接近隶书，称为秦隶或古隶。汉代书法以篆书、隶书为主，同时，草书、行书、楷书也在萌芽。东汉末年，书法成为一门艺术，著名学者蔡邕是当时有名的书法家。

汉代有着高超的玉器和金属加工工艺水平，金缕玉衣大致出现在西汉文景时期。作为汉代规格最高的丧葬殓服，金缕玉衣是皇帝和高级贵族身份地位的象征。它体现了古人对死后世界的想象和追求，以及对玉能够保持尸骨不朽的迷信信仰。中山靖王刘胜及其妻的金缕玉衣是中国首次发现、规格最高、最完整的玉制葬衣，现藏于河北博物院。

汉武帝后，西域的琵琶、笳、箜篌等乐器传入中原，丰富了汉人的音乐生活。

趣味知识：马王堆汉墓帛画

长沙马王堆汉墓共出土5幅帛画，1号墓1幅，3号墓4幅。1号墓帛画上宽92厘米，下宽47.7厘米，全长205厘米，为T字形。帛画以有序的层次展示了汉初人们观念中的宇宙图景，画面从上至下分天上、人间和地下三部分。天上部分描绘了日月星辰、神禽异兽等，体现了古人对天国的想象。人间部分则描绘了墓主人的生活场景，如出行、祭祀等，人物形象生动，服饰华丽。地下部分则描绘了神怪、龙蛇等阴间生物，以及巨人托举大地的场景。帛画作为汉朝丧葬文化的产物，其主题思想是“引魂升天”，反映了当时人们对死后世界的想象和追求。同时，帛画也展示了西汉时期的社会生活、宗教信仰和审美观念等方面的内容。

项目五 社会现象

一、佛教传入中国

佛教开始传入中国内地的时间，目前有文献记载的，最早在公元前2年，主要是在新疆、甘肃等地传播，逐渐向内地发展。到了东汉时期，佛教开始在中原地区传播，永平七年（64年），东汉明帝派使臣到西域求佛法，请来两位高僧摄摩腾和竺法兰，高僧用白马驮来佛经，明帝让两位高僧在洛阳传教，还在他们居住的地方建造了白马寺。从此，佛教在中国逐渐传播开来。

二、罢黜百家，独尊儒术

汉武帝接受了董仲舒的建议，尊崇儒术。前136年，朝廷设立五经博士，儒学独尊的地位确立。其实，汉武帝所用的儒家，是法家化的儒家，外表是儒家，骨子里是法家。其提倡的"三纲"最早是法家的说法，韩非子说："臣事君，子事父，妻事夫，三者顺则天下治，三者逆则天下乱"，意思是大臣在君主面前，儿子在父亲面前，妻子在丈夫面前，只能服从，不能反抗。儒家反对法家这种单向的三纲。

经过董仲舒的"点石成金"，把孔孟之道和韩非子的思想巧妙地嫁接在一起。董仲舒对儒学的改造，保留了儒家以天命恐吓君主的理论，发展出一套装神弄鬼的谶纬之学。要求皇帝重视天命，不要胡作非为，否则可能亡国，一定程度上保存了周文化的核心成果。同时，董仲舒又把皇帝推到至高无上的绝对位置，强调一定要大树特树皇帝权威。汉武帝"独尊儒术"，一方面让皇权披上了仁义的外衣，对皇权进行一定程度的约束；另一方面也不妨碍皇权的实际运作。这也是以后中国政治发展的主要逻辑：外儒内法，外表越来越儒家，本质越来越法家。

三、后汉"亲小人，远贤臣"现象

诸葛亮在《出师表》中写道："亲贤臣，远小人，此先汉所以兴隆也；亲小人，远贤臣，此后汉所以倾颓也。”

这个现象的社会背景有二：一是东汉中后期，皇帝大多年幼继位，年寿不长，皇帝不能亲政，由太后掌握朝政，实际权力控制在外戚手中。皇帝逐渐长大，不满外戚专政，便依靠宦官铲除外戚势力。二是东汉时期，士族逐渐发展壮大为世家大族，他们垄断了知识、地位、社会舆论，称自己为“贤臣”，而宦官和外戚的身份地位完全依赖于皇帝，这些人就是世家大族眼中所谓的“小人”。后汉皇帝“亲小人，远贤臣”的背后其实是皇权和世家大族的权力斗争。

世家大族发展迅速，皇帝越来越受到世家大族的约束，欲向外寻求力量，于是，不被世家大族控制的力量：宦官和外戚进入皇帝的视野。皇帝、外戚、宦官、世家大族组成的官僚，彼此之间形成了复杂的关系。“宦官专权”实际上是皇帝通过宦官之手，跟世家大族进行博弈，“党锢之祸”是皇帝进行中央集权的努力。皇权与世家大族的这种冲突的过程，极大地破坏了帝国的治理水准，东汉末年又进入一个小冰期，连年天灾，民变四起，天下开始大乱。

四、中原开始豪族化

文景之治给大汉留下了丰富的积蓄，汉武帝尽此蓄积，北击匈奴44年。匈奴百姓妻子离散，不胜悲苦，中原人民也未尝好过，“武帝之末，海内虚耗，户口减半”。过半的户口损失，不是因百姓战死沙场，而是因百姓苦于皇帝筹措军费征敛无度，遂抛弃田园成为流民。“元封四年中，关东流民二百万口，无名数者四十万”。未成为流民者，也托庇于豪族，隐匿户口，逃避朝廷的赋敛；而堪称地方土皇帝的郡守以及诸侯王等，为了扩大自己的势力以躲避中央的节制，也有与豪族结盟共抗朝廷的动力。于是，中原结束了从秦皇到汉武的过渡阶段，开始进入豪族社会。豪族社会对于后期的社会进程产生了深远影响。

项目六 文化旅游资源

一、世界文化遗产

1. 秦始皇陵兵马俑

秦始皇陵位于陕西省西安市临潼区以东3.5公里处的骊山北麓，是中国历史上第一位封建皇帝嬴政的陵墓。秦始皇统一六国后，为了彰显自己的功绩和威严，决定修建一座规模宏大的陵墓。兵马俑作为陵墓的重要组成部分，是为了守卫秦始皇的陵墓而制作的。1987年，秦始皇陵及兵马俑坑被联合国教科文组织列入《世界遗产名录》，被誉为“世界第八大奇迹”。

秦始皇陵建于秦王政元年（前247年），秦二世二年（前208年）竣工，历时39年，是中国历史上第一座规模庞大、设计完善的帝王陵寝，陵园内有宏伟的陵冢，还有内外两重夯土城垣，象征着咸阳的皇城和宫城。陵园内分布着大量陪葬坑和墓葬，其中，最著名的就是秦兵马俑。数千个与真人真马等大的陶俑和陶马，形态各异，栩栩如生，生动再现了秦朝军队的磅礴气势和秦朝工匠的高超技艺。此外，还出土了铜车马、青铜水禽、石铠甲、百戏俑等，为研究秦朝军事、政治、经济、文化、科学和艺术等提供了实物材料。

为了保护兵马俑并方便游客参观，秦始皇帝陵博物院于1979年正式对外开放。博物馆内展示了大量兵马俑及其相关文物，向游客展示了秦朝时期的军事制度、雕塑艺术和历史文化。

2. 泰山

泰山位于山东省中部，地处泰安—莱芜向斜盆地的西部边缘，南濒大汶河，拔起于鲁中南群山之中，总面积达到25000公顷，主峰玉皇顶海拔约1545米。泰山自古以来就有“五岳独尊”“天下第一山”的美誉。1987年，联合国教科文组织将泰山列为自然与文化遗产。

泰山上遍布着众多古建筑和碑刻，如岱庙、玉皇顶、日观峰、碧霞祠等。这些建筑和碑刻不仅具有极高的艺术价值，还见证了中华民族悠久的历史和文化传承。早在新石器时代，泰山就被人们当作重要的山岳崇拜，一直持续到现在。这里是中国古代帝王封禅的重要基地，许多著名的君主都曾在此举行盛大的封禅祭祀仪式，祈福国泰民安。

泰山的石刻艺术有重要的历史文化价值，山上历代碑碣、摩崖石刻众多，其中，不乏名家手笔，如《泰山石刻》《经石峪金刚经》等，石刻不仅记录了历史事件和人物，还展示了古代书法的魅力。泰山是中国古代文学的重要源头之一，许多文学作品都与泰山有关。如《诗经》《史记》《汉书》《泰山志》等古籍中都有对泰山的描述和赞美。此外，泰山还是道教、佛教和儒教的圣地之一，各种宗教文化在这里交融共生，形成了独特的宗教氛围。

二、历史文化名城

1. 西安

西安，秦朝时称咸阳两汉至唐末称长安，“西安”之名始于明代。西安位于黄河流域中部的关中平原，是中华民族和古老东方文明的发源地之一。100万年前，蓝田猿人在这里繁衍生息；7000年前的仰韶文化时期，先民在这里生活。西安有3100多年的建城史和1100多年的国都史，先后有西周、秦、西汉、东汉、新、西晋、前赵、前秦、后秦、西魏、北周、隋、唐13个王朝在此建都。

秦朝都城咸阳是全国的商业中心，城内“市张列肆”。民间自由经商的人日益增多，出现了不少大商人。汉朝时，长安不仅是政治中心，也是经济和文化的繁荣之地，长安城内市场繁荣，商贾云集；同时，汉朝也实行了一系列文化政策，如设立太学等教育机构，促进了文化的繁荣和发展。

自西汉起，西安就成为中国与世界各国进行经济、文化交流和友好往来的重要城市。“丝绸之路”就是以长安为起点，西至古罗马。西安是闻名世界的历史名城，与世界著名的罗马、雅典、开罗等古城齐名。

西安市的知名景点有：秦始皇帝陵博物院（兵马俑）、大雁塔、大唐不夜城、西安城墙、大唐芙蓉园、西安鼓楼、陕西历史博物馆、永兴坊等。

2. 徐州

徐州地处鲁、苏、豫、皖四省交会处，水陆交通便利，是江淮防线的重镇，这一地理位置使其成为中原东南的军事和政治中心。

徐州古称彭城，历史上为华夏九州之一，具有5000多年的文明史和2600多年的建城史。原始社会末期，尧封彭祖于今市区所在地，为大彭氏国，徐州自此称彭城。楚汉时，西楚霸王建都彭城。西汉设彭城郡，东汉设彭城国、建都彭城。三国曹魏移治彭城，曹操迁徐州刺史部于彭城，彭城自始称徐州。

秦汉时期，徐州多次成为军事争夺的焦点，战略地位显著；随着中原与周边地区的经济交流日益加强，徐州逐渐成为重要的商业集散地。秦汉时期，徐州地区的文化也得到了进一步发展，楚文化在徐州地区有着深厚的影响，项羽、刘邦等历史人物都在徐州留下了足迹。

徐州历史悠久，文化底蕴深厚，是“彭祖故国、刘邦故里、项羽故都”，享有“两汉文化看徐州”的美誉。以汉墓、汉画像石、汉兵马俑为代表的“汉代三绝”名扬海内外。徐州知名景点有：龟山汉墓、徐州汉文化景区、徐州博物馆等。

三、知名景点

1. 马王堆汉墓

马王堆汉墓的出土地位于湖南省长沙市芙蓉区东郊浏阳河旁的马王堆乡，是西汉初期长沙国丞相、轪侯利苍的家族墓地。2016年，马王堆汉墓被评为世界十大古墓稀世珍宝之一。2021年，马王堆汉墓入选全国“百年百大考古发现”。

马王堆二号墓是丞相轪侯利苍，一号墓是利苍妻，三号墓是利苍之子。墓葬内的随葬品十分丰富。随葬的丝织品，总共多达数百件。三座墓葬共出土三千多件珍贵文物和一具保存完好的女尸（辛追夫人）、漆器、丝绸、帛画帛书等。马王堆汉墓的发现，为研究汉代初期的埋葬制度、手工业和科技的发展及长沙国的历史、文化和社会生活等方面提供了重要资料。汉代的中国，以“丝国”扬名世界，在此期间，“丝国”创造的灿烂文明，照亮了全世界。

马王堆汉墓出土的女尸、素纱禅衣及一大批西汉器皿和锦帛书画等都保存于湖南省博物院，2024 年 5 月 17 日，湖南省博物院首次公开发布“辛追夫人”3D 数字人形象。

2. 白马寺

白马寺位于河南省洛阳老城以东 12 公里处，始建于东汉永平十一年（公元 68 年），距今已有 1900 多年的历史。它是佛教传入中国后兴建的第一座寺院。白马寺建立之后，中国“僧院”便泛称为“寺”，白马寺也因此被认为是中国佛教的发源地，有中国佛教的“祖庭”和“释源”之称。1961 年，洛阳白马寺被评为第一批全国重点文物保护单位。1983 年，白马寺被确定为全国汉传佛教重点寺院。

白马寺建筑规模雄伟，但因屡经战乱，数度兴衰，古建筑所剩无几，现存的遗址古迹为元、明、清时所留，寺内保存了大量元代夹纻干漆造像如三世佛、二天将、十八罗汉等，弥足珍贵。现存白马寺坐北朝南，是一座长方形的院落。寺大门之外，左右各有两匹石马，是宋代的石刻艺术品。白马寺的山门为明代重建，为一并排三座拱门。部分门洞券面上刻有工匠的姓名，皆为东汉遗物。

白马寺与世界各地的佛教团体有着广泛的交流与合作。20 世纪末以来，日本、泰国、印度、缅甸等国的政府和佛教团体纷纷出资在白马寺建造佛殿，使之成为全世界唯一拥有中、印、缅、泰四国风格的佛教寺院。作为国际化程度最高的寺院，白马寺可谓名副其实的“天下第一寺”。

3. 坎儿井

坎儿井是荒漠地区一项特殊的灌溉系统。坎儿井的主要工作原理是人们将春夏季节渗入地下的大量雨水、冰川及积雪融水通过利用山体的自然坡度，引出地表进行灌溉，以满足沙漠地区的生产生活用水需求。坎儿井早在 2000

年前的汉代就已经出现雏形，后传到中亚和波斯。坎儿井与万里长城、京杭大运河并称为中国古代三大工程。

坎儿井主要分布于新疆吐鲁番。吐鲁番坎儿井总数达 1100 多条，全长约 5000 公里。年径流量达 2.94 亿立方米，是绿洲的生命之源。现存最古老的坎儿井是吐尔坎儿孜，位于吐鲁番市恰特卡勒乡庄子村，全长 3.5 公里，日水量可浇 20 亩地，至今已使用了 470 多年。名气最大的坎儿井是米衣木·阿吉坎儿井，全长 5 公里，最深处 80 米，日水量可浇地 70 亩，有 200 年历史。

坎儿井是吐鲁番的核心旅游资源之一，2006 年，坎儿井被列为全国重点文物保护单位；2014 年，“坎儿井开凿技艺”被列入第四批国家级非物质文化遗产名录。如今，坎儿井在新时代焕发出新的活力。吐鲁番市持续利用坎儿井资源，加快打造集文化体验、休闲度假、民族歌舞、餐饮住宿、观光购物为一体的旅游景区综合体，坎儿井逐步成为促进吐鲁番经济、文化、艺术发展的有效载体。

课后作业

一、简答题

1. 请从人物生平、主要贡献两个方面介绍司马迁、张骞、霍去病、班超。

2. 介绍《黄帝内经》《神农本草经》《伤寒杂病论》的主要内容。

3. 介绍河西走廊的地理位置、相关的旅游景点及旅游价值。

4. 佛教传入中国后，对中国旅游业的影响体现在哪些方面？请举例说明。

二、设计题

1. 假设你为某文旅公司的活动设计专员，某天接到一个客户需求单，该公司将要去江苏宿迁的项王故里旅游，想在景区体验一下楚汉争霸时期的惊心动魄，经过公司商量，决定选取《鸿门宴》为情景进行演绎，请根据《史记·项羽本纪》的描述（也可以加入一些新的情节），设计一个情景剧，并将其演绎出来，相关评价，如表 2-1 所示。

表 2-1　评价

评价指标	完成情况			
	好	较好	一般	差
故事情节				
角色设定				
对白与语言				
表演细节				
情感表达				

2. “丝绸之路”亲子游学一直是中国家庭带领孩子暑期游学的首选，请查阅相关资料，找出 3 条以“丝绸之路”为主题的线路，完成表 2-2。

表 2-2　线路信息统计

序号	天数	主要景点	线路特色	线路卖点
1				
2				
3				

第三章 三国两晋南北朝历史与文化旅游资源

本章导读

从220年到589年，是中国古代史上长期分裂、民族融合的时期，也称三国两晋南北朝时期。三国鼎立时期，各国政治、经济、外交各具特色，充满生机，涌现出曹操、诸葛亮等一批杰出政治家。除了西晋昙花一现的统一外，其他时期都处于分裂状态。尽管战火连绵，政局动荡，但这一时期社会经济在曲折中仍有发展。江南得到一定开发，为日后中国古代经济重心逐渐南移打下基础，北朝时期，黄河流域各民族相互往来，出现了融合的局面，推动了多民族封建国家的发展。南朝时期，中华文化继续向海外传播。

学习目标

- 了解三国、两晋、南北朝政权更迭的历史脉络；
- 能认识这一时期制度演进、民族交融、区域开发、思想文化发展等新的成就；
- 能分析孝文帝迁都的原因、意义及后果；
- 能分析佛教、道教、玄学之风兴起的社会原因；
- 能赏析三国两晋南北朝时期优秀的文化旅游资源，并能进行相应的产品设计。

项目一 朝代脉络介绍

一、三国鼎立与西晋统一

东汉末年，为了镇压黄巾起义，西北军阀董卓进入洛阳，把持朝政。关东割据势力推举袁绍为盟主讨伐董卓，董卓死后，形成了袁绍、曹操较强大的军阀。200年，曹操和袁绍为争夺黄河中下游统治权，在官渡决战，曹操以少胜多，打败袁绍，为统一北方奠定基础。最终曹操、刘备、孙权三大军事集团成鼎足之势。

220年，曹操之子曹丕称帝，国号魏，定都洛阳，东汉灭亡。221年，刘备称帝，史称蜀汉，简称蜀，定都成都。229年，孙权称帝，国号吴，定都建业。265年，司马昭之子司马炎代魏称帝，国号晋，史称西晋，司马炎是晋武帝。280年，西晋灭吴，完成统一。316年，西晋被匈奴灭亡，中国再次进入分裂期。

二、东晋与南朝

317年，西晋宗室司马睿（司马懿曾孙）在南北士族的拥戴下，以建康为都城重建晋朝，史称东晋。但是，东晋统治集团的内部矛盾很复杂，有皇权与士族的矛盾、士族与寒门的矛盾、侨姓士族与吴姓士族的矛盾，以及士族内部的矛盾。

东晋后期，社会矛盾加剧，420年，掌握实权的低等士族刘裕废晋帝自立，东晋灭亡，刘裕建立宋。从420年到589年，中国南方政权更替频繁，先后经历了宋、齐、梁、陈四个王朝，这些王朝都在建康定都，史称“南朝”。

三、五胡十六国与北朝

1. 五胡十六国

东晋统治南方的时候，北方先后出现了一批割据政权，最主要的有15个，加上西南的成汉，合称“十六国”。即五凉（南凉、北凉、前凉、后凉、西凉）、四燕（前燕、后燕、北燕、南燕）、三秦（前秦、后秦、西秦）、二赵（前赵、后赵）、成汉、夏。这些统治者主要来自匈奴、鲜卑、羯、氐、羌，称“五胡”，因此，建立的政权也称“五胡十六国”。

十六国的历史可以分为前后两个阶段，前期主要是前赵与后赵并立，前燕与前秦对峙，后来前秦统一北方。前秦建都长安，与江南的东晋对峙。后期，前秦因淝水之战失败后被灭国，北方再次陷入割据混战状态，拓跋鲜卑部在混战中崛起，于439年统一北方，与南朝的刘宋政权形成南北对峙。

2. 北朝

鲜卑拓跋氏原来生活在大兴安岭，东汉末年开始强大起来，西晋为利用鲜卑对抗匈奴，封拓跋首领为代王，拓跋氏后来建立的代国一度被前秦消灭，后又复国，386年，拓跋珪改国号为魏，史称“北魏”，439年，鲜卑拓跋部建立的北魏统一了北方，这是北朝的开端。

534年，北魏权臣高欢拥立幼帝建立东魏。535年，北魏权臣宇文泰拥立北魏宗室为帝，建西魏。550年，高欢之子高洋取代东魏，建立北齐。557年，宇文泰之子宇文觉取代西魏，建立北周。577年，北周灭北齐，黄河流域重新统一（见图3–1）。

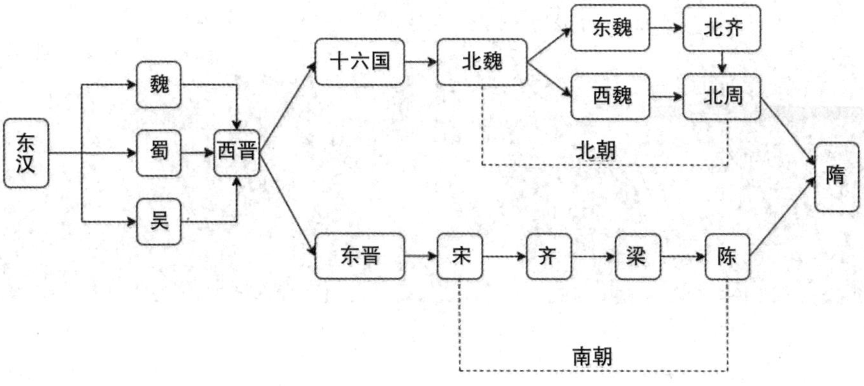

图3-1 三国两晋南北朝关系

项目二 地理概念及关键历史事件

一、地理概念

1. 荆州

《三国演义》中，有 70 多回提到了荆州，足见其重要性。不过三国时期的荆州不是现在的荆州，现在的荆州是湖北省的一个地级市。而三国时期的荆州主要包括湖南、湖北，还有周边的一部分，如河南的南阳地区（古称宛城）。荆州得名于襄阳到江陵一侧的荆山，又因为治所在襄阳，故而又称荆襄之地。它地处中原和江东、巴蜀之间，控制着通往巴蜀的战略通道，地理位置十分重要。在中国几千年的历史中，谁掌握了荆州，谁就有夺取天下的主动权（见图 3–2）。

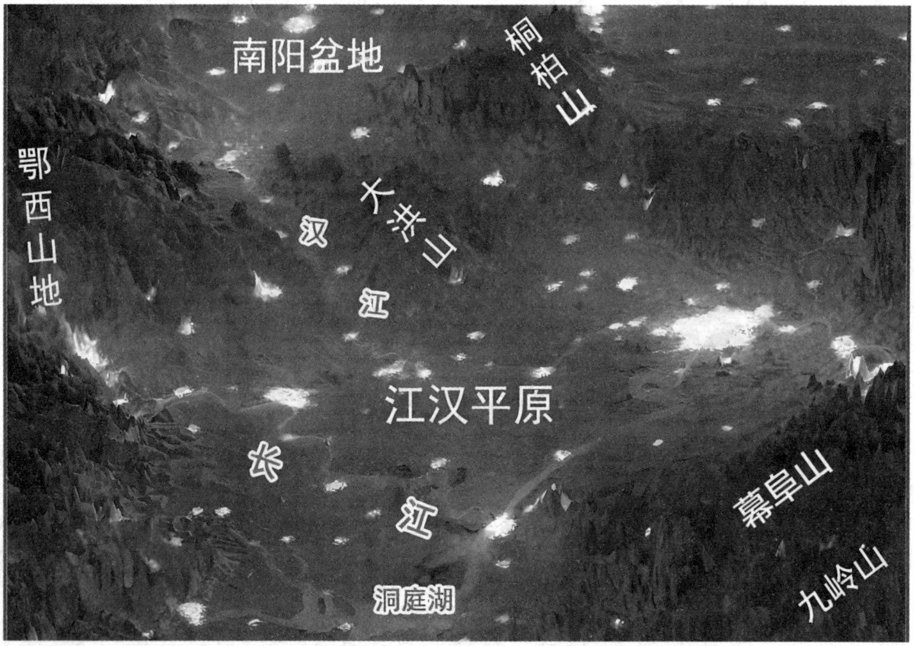

图 3-2 古荆州

来源：地图帝，http://www.dtdmap.com/.

三国时期最重要的战争“赤壁之战”发生在荆州。荆州的地形就像一个大口袋，襄阳是这个口袋的出入口，是整个荆州的重要据点。中间是江汉平原、洞庭湖平原，东西两边沿长江各有一个小出口，西边是三峡，东边是沿九江一带的河谷，其余地方全部被大山裹得严严实实，进出极其艰难。荆州雨水多，水稻一年两熟，有粮就可以养兵，荆州既能养兵，又能防守，可谓得天独厚。从整个中国地形上看，一旦控制了荆州，就可以越过长江天险，顺江而下，控制江东，进而控制整个中国南方地区。

2. 武川

今日的武川县位于内蒙古自治区中部，距离呼和浩特不到50公里的阴山北麓。这里是温带大陆性气候，冬季寒冷，夏季凉爽，全县经济以农业为主。看起来平淡无奇，却被说是“王气”最重的地方。

武川镇的“王气”，要从北魏说起，北魏是由鲜卑人建立的王朝。历史上，鲜卑有多个分支，建立北魏的属于拓跋部。拓跋部发源于大兴安岭北部，之后不断南迁，386年建立北魏并立都于盛乐（今内蒙古自治区和林格尔县），398年迁都平城（今山西省大同市），494年迁都洛阳。鲜卑拓跋部本属于大兴安岭中的渔猎民族，南迁中融入草原生活。北魏立国100多年内，不断迁都，经历了从草原民族不断汉化，最终融入汉文化的过程。

随着都城迁入大同，离开草原，原本占主导地位的内蒙古草原空虚了，鲜卑人南移后，北方草原的柔然人南下，为了防御柔然人，北魏在草原上设立了六个军事重镇，这就是著名的“北魏六镇”。这六镇自西向东一字排开。分别是：沃野镇、怀朔镇、武川镇、抚冥镇、柔玄镇和怀荒镇。

鲜卑是尚武的民族，六镇军人或是鲜卑贵族子弟，或是军中精英。随着鲜卑贵族逐渐汉化，接受内地生活方式，放弃了尚武的传统，六镇军人失去了往日的荣耀，也失去了前程。他们忍无可忍，发动了起义，虽然被镇压，但是却成了北魏分裂的导火索。六镇的存亡，几乎决定了北魏的存亡。

王气从何而来呢？出身武川镇的宇文泰拥立北魏皇族后人为帝，建立西魏，宇文泰的儿子废帝建立北周；隋朝开国皇帝杨坚的父亲杨忠出生于武川镇，唐朝开国皇帝李渊的爷爷李虎出生于武川镇。此外，“史上最牛老丈人”

独孤信也来自武川镇。他的7个女儿中有三位做过皇后，长女为北周皇后，四女为唐高祖李渊生母，被追为皇后，七女儿为隋文帝杨坚的皇后。此外，还有许多大将军出自武川镇，可谓是天下“王气最重的地方”。

趣味小故事：武川镇的“王气”

据说在北魏晚期，中原寺庙中的一位和尚不安心念经，却弄来一本相面的书来看，以致走火入魔，欲罢不能，最后放弃了佛门生活，四处周游。一日，和尚来到武川，令他惊奇的是，如此寒荒之地，满街行走的都是衣衫褴褛之辈，从面相看竟然都是帝王将相。这显然是不可能的，和尚认为相面书骗人，于是不再相信相面术，回归佛门，继续念经去了。

二、关键历史事件

1. 赤壁之战

赤壁之战是指东汉末年孙权、刘备联军于建安十三年（208年）在长江赤壁（今湖北省赤壁市西北）一带大破曹操大军的战役。这是中国历史上著名的以少胜多、以弱胜强的战役之一，是三国时期“三大战役”中最为著名的一场。

曹操统一北方后，意图南下消灭刘备和孙权的势力，统一全国。然孙权和刘备在强敌进逼关头结成了联盟，共同抵抗曹操。双方在赤壁进行了激战，最终曹操因北方士兵不习水性，又加上疾疫流行，被孙刘联军击败，退回北方。赤壁之战的失利使曹操失去了在短时间内统一全国的可能性，而孙刘双方则借机发展壮大，曹、刘、孙三家争夺荆州之战揭开序幕。此后，曹操退回北方休养生息，而孙权则稳固江东，刘备则趁机夺取荆州，向益州和汉中扩张，形成了三国鼎立的局面。

趣味小知识：与赤壁之战有关的故事／成语

与赤壁之战有关的成语众多，这些成语不仅反映了战役的激烈和精彩，也蕴含了丰富的智慧和策略，是中华民族共同的记忆。如舌战群儒、草船借箭、周瑜打黄盖——愿打愿挨、万事俱备，只欠东风、调兵遣将、败走华容道等。现在许多景区利用这些故事为原型，设计了有趣的文旅项目，丰富了游客的旅游体验。如江苏省无锡的三国影视基地即有：舌战群儒场景、火烧赤壁特技场等。

2. 西晋的灭亡

西晋开国皇帝晋武帝司马炎为了防止政权被他姓夺走，封了27个同姓王，这些王国有自己的军队和财政，为后来的内乱埋下了隐患。晋武帝死后，司马衷即位，即晋惠帝，他天资愚钝，即位后昏庸无能，朝政大权旁落在其顾命大臣杨骏（司马炎岳父）和母亲杨太后手中。皇后贾南风企图操纵晋惠帝以把持朝政，加剧了宫廷内部的权力斗争，手握重兵的八个封王为了争夺中央政权，先后起兵，相互混战，史称“八王之乱”。战乱造成人口锐减，这场战争持续16年，严重破坏社会经济，使西晋国力迅速衰弱下去。

八王之乱时，八王为获取胜利，大量北方少数民族被招募入伍，卷入战争，并且渐渐主导了局势。304年，匈奴贵族刘渊起兵反晋，羯族人石勒攻占河北许多郡县。311年，匈奴贵族刘曜（刘渊侄子）和羯族首领石勒联合攻陷洛阳，俘虏了晋怀帝，史称“永嘉之乱”。316年，刘曜攻破长安，俘虏了晋愍帝，西晋灭亡。

趣味小知识：西晋灭亡的原因

西晋的灭亡，第一个原因是气候的变化。东汉中期，气温不断下降，三国魏晋时期降到最低点。随着气温的降低，草原上的资源越来越少，南匈奴逐渐移居长城以南，其他胡人也陆续迁移到这里，胡人人数的不断膨胀，为后期的五胡乱华埋下了伏笔。第二，中原的豪族化，削弱了统治者的统治能力和实力。第三，士族的堕落。士族一方面谈玄论道，一方面以权谋私，无心政务，贪图享乐，这大大败坏了政治和社会的道德水准。第四个原因是西晋皇族的内斗，也就是“八王之乱”。在各种因素的相互作用下，西晋灭亡，天下大乱。

3. 淝水之战

383年，前秦苻坚调集大军南征，企图一举歼灭东晋，统一全国。结果，秦军在淝水之战中被骁勇善战的东晋北府兵打败。北府兵是谢安做宰相时，令侄子谢玄建立的，这支军队训练严格，淝水之战前，早已经成为精锐之师。战争的失败关键在于苻坚错误地估计了形势。那时东晋政局稳定，无可乘之机。而前秦统一北方后，各族人心各异，充满民族矛盾。秦军号称百万，实则投入兵力仅有20多万，淝水之战是中国历史上著名的以少胜多的战役。

淝水之战的结果，对南北方的历史都有很大影响。北方再度陷入分裂割据。位于南方的东晋免于亡国，但不思进取，错过了收复北方的大好时机，享乐之风盛行，偏安政权在不断地内部斗争中越来越衰落。

4. 魏孝文帝改革

孝文帝继位之初，北魏吏治混乱，财政困难，北边受到强大的柔然的武力威胁。在此背景之下，486年，孝文帝进行系列改革。主要包括：整顿吏治，制定官吏的俸禄制度；颁布均田令；设立三长制；迁都洛阳；推行汉族文化。汉化措施主要有：以汉族服饰取代鲜卑服饰，要求鲜卑人学说汉话，朝中禁止说鲜卑语；改鲜卑复姓为汉字单姓，皇族拓跋氏改姓元；鼓励鲜卑贵族与汉族的高门士族通婚。这些改革措施适应了北方民族交流、融合的历史趋势，缓解了民族矛盾，促进了北魏的经济发展和社会繁荣，为以后北方统一南方以及隋唐盛世打下了基础。但是汉化政策隐含一定风险，由于放弃了帝国的二元结构，使得北魏在孝文帝去世不久后即陷入了分裂。

趣味小知识：当代汉族姓氏与古代少数民族的关系

《资治通鉴》卷140概括记述了北魏孝文帝改姓氏的措施：魏主下诏，以为“北人谓土为拓、后为跋，魏之先出于黄帝，以土德王，故为拓跋氏。夫土者，黄中之色，万物之元也；宜改姓元氏。诸功臣旧族自代来者，姓或重复，皆改之”。于是，始改拔拔氏为长孙氏，达奚氏为奚氏，丘穆陵氏为穆氏，步六孤氏为陆氏，贺赖氏为贺氏，独孤氏为刘氏，贺楼氏为楼氏，尉（yù）迟氏为尉氏。其余所改，不可胜计。

5. 周武帝灭佛

三国两晋南北朝时期，佛教传播、发展的速度很快。统治者广修寺塔，施舍钱财，寺院经济过度发展，广占田宅，侵夺百姓，与官府争夺劳动人手和税收，农民负担加重。北朝后期，北周有僧尼200余万人，北齐有僧尼300余万人，僧尼有免除劳役、租税的特权，寺院经济严重影响到官方利益，因此，不断有人出来反佛灭佛。

北魏太武帝和北周武帝从加强统治的角度，曾先后两次灭佛。灭佛一事，儒道是表，而佛教发展过快，与北魏在人口、田地、赋税等方面的矛盾才是内因。

项目三 内外交往

一、对内交往

三国两晋南北朝是动荡的时期。这一时期，政权更迭频繁、地域变化剧烈，战乱不断，使得百姓被迫流离失所，背井离乡，这对于民族融合来说却是一个契机，人口的流动带来了民族的大融合。经济方面，北方的游牧民族开始学习南方农耕民族的农业技艺，南方民族学习北方民族的畜牧经验。此外，双方在食物、服饰、生活习惯方面也开展了融合；政治方面，少数民族政权逐渐接受并沿袭中原地区的统治方式和政治制度；文化方面，西北地区的乐器、歌舞也开始被汉人接受，汉族的文学、典籍对少数民族产生了重要影响。

西晋末年，上百万北方人口南迁，充实了江南的劳动力，带去了先进的生产技术，南方的蛮、俚等民族与汉族融合。此外，民间贸易往来络绎不绝，促进了经济的发展和物资的交流，西域的特产如火浣布、汗血马等传入中原，中原的丝绸、瓷器等也远销海外。

二、对外交往

三国两晋南北朝时期与更多的国家和地区建立起贸易关系。在北方，是北魏对外交通和交流的高潮时期，与之交往的国家和地区达90多个。在南方，是梁朝对外交往的高潮时期，梁朝更多地利用了海上交通，与南亚、东南亚国家和地区进行交往。

1. 西方佛学进一步传播——法显西行

东晋时期，佛教在中国大发展，无论是统治阶层还是平民百姓都有信仰佛教的需求，但是，这个时期国内佛教经典残缺不全，导致很多求佛之人产生了不同见解，甚至误入歧途。为了求得更完备的佛学戒律，东晋高僧法显决心西行求法。399年，时年法显65岁，他从长安出发，经西域至天竺求法，游历30余国，最终在411年决定结束西行，渡海回国。法显于412年归国。

回国后，法显将旅行经历写成了《佛国记》。这本书是研究中国与印度、巴基斯坦等国的交通和历史的重要资料。伴随着佛教而来的西域印度文化，在语言、艺术、天文、医学等方面，对中国文化产生了积极影响。2024 年 7 月 7 日上线的《丝路传奇之法显西行》大型历史广播剧，便是对法显西行经历的演绎。

2. 南朝的海外文化传播

军事方面，南朝弱于北朝。于是，南朝更加致力于文化的发展并不断传播，南朝通过海上通道向朝鲜半岛、日本等地传播文化。首先是传播儒家思想。其次是佛教的传播，佛教在南朝时期得到了广泛传播，并传入日本和朝鲜半岛。佛教的传入不仅带来了宗教信仰的变革，还促进了日朝文化的发展和繁荣。最后，南朝在农业、手工业等领域的技术成果也传播到了日本及朝鲜半岛。

项目四　社会经济与文化

一、社会经济

1. 农业的恢复和发展

这一时期，中原农耕规模缩小，畜牧业因为少数民族的内迁有所扩展。东晋、南朝时期，江南农业的开发从江东扩展到整个长江流域，进而推进到岭南和闽江流域。

魏晋时，淮河南北以屯田为契机进行的开发，十六国北朝时期，河西走廊和辽东地区的开发都取得了不小的成就。此时，江南土地大量开垦，耕作技术进步，农田水利工程兴修较多，农作物品种增多。但地区发展很不平衡，三吴地区最发达，洞庭湖、鄱阳湖流域和成都平原也是重要的产粮区。江南经济开发使得南北经济趋向平衡，为以后我国经济重心逐渐南移打下了基础。

孙吴时，江南修复了鉴湖等众多水利工程。诸葛亮派人专门管理维护都江堰。东晋南朝时期又修建了新丰塘等。桓温在荆州新建江陵大堤、刘宋修筑的钱塘防海大堤，都使周围农业受益匪浅。

2. 手工业的发展

三国两晋南北朝时期的手工业门类与秦汉基本一致，但品种更丰富，技术更进步。蜀锦闻名遐迩。三国时，西北少数民族的棉布传入中原，三国两晋南北朝时，西北地区的棉纺织业得到发展。孙吴进一步提高了青瓷制作技术，南京出土的莲花尊，是南朝青瓷的杰作。北朝烧造出成熟的白瓷，后烧制技术传到南方。造纸技术明显进步，纸产量大增，逐渐取代简牍，成为最主要的书写材料。

趣味小知识：与蜀锦有关的地名

三国蜀汉时期，成都因出产华美绝伦的“锦”而闻名遐迩。这些锦不仅受到当地达官贵人的追捧，还远销至其他地方，成为蜀汉政权的重要财政来源。为了更好地管理蜀锦的生产和销售，蜀汉在成都设立了锦官，专门负责统管蜀锦的产销。这一举措不仅促进了蜀锦产业的繁荣发展，也为成都赢得了“锦官城”或“锦城”的美名。成都的许多地名、建筑和景点都与“锦”有着密切的联系，如“锦江”“锦里”等。杜甫在《春夜喜雨》中写道：“晓看红湿处，花重锦官城。”

3. 商业的发展

三国时期，孙吴所在的江淮地区的经济较为落后，但由于战乱较少，加之北方人民大量迁居江南，带来了先进的生产技术和大量劳动力，使江南地区的经济迅速发展。蜀都成都是当时最大的商业都市之一。魏国创立后，采取经济措施，促进了商品贸易的发展。

在南北政权长期对立中，尽管战争不断，但在战争的空隙，商品交换非常活跃；在南北朝时的商品交换中，几乎不用货币，而是使用绢帛。三国两晋南北朝时期，民族贸易也有显著发展。三国（曹魏、蜀汉、孙吴）与各自沿边的少数民族进行了广泛的互市贸易。

尽管受到战乱的影响，但三国两晋南北朝时期的对外贸易仍然得到了继续发展。魏、蜀、吴三国之间的海上贸易尤为兴盛，与周边国家如扶南、呵罗单等的商贸往来也日益频繁。此外，与东北的高句丽、百济、新罗及日本等国也建立了贸易关系。

4. 社会生活

三国两晋南北朝时期，社会动荡，人口大迁徙，民族大融合。服饰方面，南方士大夫宽衣博带，北方盛行胡服。东晋诗人谢灵运喜欢“谢公屐”，深受一般士人和穷人的喜爱，北方人喜欢穿靴子。

饮食方面，南方主食为稻米，兼食粟、麦。北方盛行面食，以种类繁多的饼为主。三国时，蜀汉发明了馒头。北魏人已经会炸油饼。胡饼、羊肉串等成为内地人喜欢的美食。随着民族交融的加深和贵族在饮食享受上的追求，菜肴形式多样、内涵丰富。三国后，饮茶之风开始盛行。

三国两晋南北朝时期，在胡文化汉化的同时，汉文化在胡风内渐的影响下，也逐渐出现“胡化”现象，多了几分“胡气”。久而久之，华裔有别的观念逐渐淡化。少数民族妇女的社会地位较高，此风沿袭，使得当时妇女在社会交往中较为自由，男女较为平等。

三国归晋后，晋武帝发现孙吴和蜀汉两地民风截然不同，蜀人懦弱温顺，吴人彪悍好斗。然而东晋以后，吴蜀两地的社会风气开始向相反的方向转化，蜀人受彪悍的流民和西南少数民族的影响，不肯再做顺民，吴人受北方上层流亡人士的影响和宗教戒规的约束，逐渐丢掉了尚武精神，民风不断疲软。

二、文化

1. 科学与技术

魏晋的刘徽提出了圆周率的计算方法，南朝的祖冲之精确地计算出 π 值。

北朝贾思勰《齐民要术》，总结了5世纪以前黄河中下游地区农牧业生产经验、食品加工、储藏方法、野生动物利用，是中国现存最早、最完整的农书。西晋裴秀是中国古代杰出的地图学家，绘制出《禹贡地域图》。北魏地理学家郦道元所著的《水经注》是一部历史、地理、文学价值都很高的综合性地理著作。

2. 文学

（1）建安文学与田园诗。

建安时期，以曹操父子为代表的诗人，写出了不少优秀的诗词歌赋，史称“建安文学”。东晋诗人陶渊明，写下了许多内容清新、风格朴实的田园诗，他的《归园田居》《桃花源诗》以及诗序《桃花源记》尤为著名。

（2）骈文。

南朝时，出现了“骈文”“骈文”。辞藻比较华丽，对仗工整。南北朝时期，一种新的乐府诗即民歌大为流行。南方民歌缠绵婉转，描写爱情，代表作有《采桑度》《子夜歌》等。北方民歌最有名的是《敕勒歌》和《木兰辞》。

（3）小说。

这个时期，小说开始兴起，宋刘义庆的《世说新语》，记录社会上的逸闻、趣事，反映社会风貌。东晋的干宝志怪小说《搜神记》反映了当时的现实情况。

（4）文学评论。

伴随着文学创作的发展，文学评论随之繁荣。曹丕的《典论·论文》首开其端。南朝齐梁时，又出现了刘勰的《文心雕龙》和峥嵘的《诗品》等文学评论专著。

3. 艺术

（1）书法。

东汉末年，书法成为一种艺术。到了东晋，书法进入一个辉煌期，这个时候草书、行书都飞速发展，楷书也被创造了出来。三国两晋南北朝时期，名家辈出。曹魏的钟繇，开始把字体由隶书转化为楷体，这是汉字书法的一种进步。东晋大书法家王羲之博采众长，诸体兼精，世称“书圣”，他的书法代表作有《兰亭序》《黄庭经》,其子王献之书法造诣也极高,与王羲之合称“二王”。《兰亭序》被誉为“天下第一行书”。

(2)绘画。

三国两晋南北朝的绘画有宗教色彩。三国时期的曹不兴,是我国佛像画的始祖。东晋顾恺之是这一时期最著名的画家,他以擅长人物画而著称。代表作有《女史箴图》和《洛神赋图》。

(3)造像艺术。

魏晋以后,因佛教广泛传播而修造的石窟遍布南北各地。山西大同云冈石窟、河南洛阳龙门石窟,甘肃敦煌莫高窟成为闻名遐迩的世界艺术宝库。云冈石窟受西域造像影响,保存了较多的印度佛教风格,佛面方圆,两肩平齐,深目高鼻。衣纹厚重隆起,线条简洁,为典型的胡人形象。龙门石窟无论是造型还是龛饰壁雕,都有中原文化特征。莫高窟是丝绸之路上的艺术明珠,也是胡汉交融的见证。

(4)音乐。

少数民族音乐的传入,引起了传统音乐的变革。南方盛行《清商月》,基本上是中国古乐与胡乐的混合。北方《西凉乐》影响最大,还从西域引进了《龟兹乐》《疏勒乐》《康国乐》等。

趣味小知识:天下第一行书——兰亭集序

《兰亭序》全文28行、324字,通篇遒媚飘逸,字字精妙,点画犹如舞蹈,有如神人相助而成,被历代书界奉为极品。《兰亭集序》不仅是优秀的书法作品,还是优美的散文。文中不仅描绘了兰亭山水之美,还有作者对于人生的思考,展示了魏晋士大夫崇尚自然、超然物外的精神世界。

宋代书法大家米芾称其为“中国行书第一帖”。唐太宗李世民对他推崇备至,曾亲撰《晋书》中的《王羲之传论》,推颂其为“尽善尽美”。还将临摹本分赐贵戚近臣，并以真迹殉葬昭陵，有摹本、临本传世，以“神龙本”（冯承素临摹本）最佳。此外，还有欧阳询、褚遂良、虞世南等名家临本传世。

项目五 社会现象

一、衣冠南渡

原指西晋末年天下乱，中原士族相随南逃，中原文明及中原政权南迁。西晋末年，统治集团自相残杀，将各族人民推向困苦的境地。为了躲避战乱、灾荒和饥饿，中原人民大量南迁，掀起了中国古代历史上第一次大规模的人口迁徙高潮，近者迁到四川和长江中下游地区，远则流向两广边地。

晋代士族子弟峨冠博带，身着整洁的华服，跟随晋室南下，而普通百姓无力搬迁，迁至南方的皆是世家大族，他们代表了中原的礼仪文化，所以“衣冠南渡”中的“衣冠”也就有了代指文明和文化的意思。这一事件促进了南方地区的经济和文化发展，为后来的南北朝对峙和隋唐统一奠定了基础。

趣味小知识：历史上的“衣冠南渡”

总揽整个华夏历史，共发生过三次“衣冠南渡”：第一次是西晋末年，士族南迁拥立司马睿建立东晋；第二次是唐“安史之乱”到五代十国时期，大批北方士族及百姓南下避乱；第三次是靖康之变，宋高宗于临安建都，中原士族百姓南迁。这些事件促进了南方地区的经济和文化的发展。最终，中国的经济、文化中心南移。

二、佛教大发展

佛教在东汉时期已传入中国，但是真正大的发展是从东晋开始的。佛教宣扬灵魂不灭，生死轮回，因果报应，貌似为苦难中的百姓找到了精神解脱的道路，也适合统治者加强思想控制的需要，迅速传播开来。东晋南北朝被梁启超称为佛教的“输入期”，佛教作为一种异质文化逐渐融入中华文化中。佛教石窟、寺院建筑，宗教绘画、雕塑，西域乐舞也渐次进入中原地区。这个时期，还出现了许多名僧，如后赵佛图澄、后秦鸠摩罗什和法显等。

趣味小知识：译经大师鸠摩罗什

鸠摩罗什（343—413年），7岁随母出家，初学小乘，后改学大乘。博读大小乘经论，名闻西域诸国。382年，苻坚遣吕光攻伐焉耆，继灭龟兹，吕光将罗什劫至凉州，罗什随吕光滞留在凉州（今甘肃武威市）17年。401年，姚兴攻伐后凉，亲迎鸠摩罗什入长安，以国师礼待，并在长安组织了规模宏大的译场，请罗什主持译经事业。之后十余年间，鸠摩罗什悉心从事译经和说法。鸠摩罗什与弟子译出《大品般若经》《妙法莲华经》《维摩诘经》《阿弥陀经》《金刚经》等。鸠摩罗什的译经内容信实、字句流畅。他的译经不仅数量众多，而且质量上乘，对后世佛教的发展产生了深远的影响。

三、道教大发展

东汉时在民间兴起的道教，在这一时期发生了变化。东晋葛洪结合儒家思想改造道教，宣扬采药炼丹，长生不老。葛洪是一位道教理论家、炼丹家，也是医学家。葛洪的《抱朴子》内篇神仙方药、鬼怪变幻、养生延年等，外篇讲人间得失、世事变迁。这部书涉及许多化学知识，在古代化学史上占有重要地位。萧梁时，道教经典增多，陶弘景吸收了佛教教义和封建等级观念，丰富了道教教义，建立起道教的神仙体系。随着道教的发展，一些道教名山也逐渐声名鹊起，如江西龙虎山、湖北武当山、陕西终南山、四川青城山等。

四、玄学之风盛行

魏晋之际出现“玄学”，玄学是魏晋时期封建文人崇尚老庄的一种思潮。这种思潮的形成和三国两晋南北朝时期统治阶级内部的频繁政治残杀密不可分。士大夫为了逃避现实，崇尚空谈，标榜虚无玄远，名为“清谈”。清谈家们称《周易》《老子》《庄子》三本书为“三玄”，玄学之名由此而来。玄学名士礼玄双修，穿行于朝堂山水之间，纵情山水、饮酒赋诗，自得其乐。玄学以崇尚自然恬淡、虚静的老庄哲学为思想基础，兼收儒学的思想精华，具有强烈的思辨色彩。魏晋玄学代表人物有何晏、王弼和竹林七贤。

趣味小知识：竹林七贤

这些人多数很有才华，历史上把其中最有名的七个人称为“竹林七贤”。阮籍、嵇康、山涛、刘伶、向秀、阮咸、王戎。突出的是阮籍和嵇康，嵇康不事权贵，反对封建礼教，他喜欢提携寒门庶族，在太学生中享有盛誉。嵇康善谈玄理，文笔上佳，又善于弹琴，嵇康受司马氏迫害，嵇康临死前抚琴，一边弹奏，一边感慨：“《广陵散》今绝矣！”阮籍曾独自驾车出游，漫无目的地行驶在田野间。当夜幕降临，他的马车走到了尽头，无路可走时，阮籍不禁放声大哭。这一场景被后人称为“穷途之哭”，成为阮籍人生困境和时代悲剧的象征。

五、从豪强地主到世家大族

豪强地主兴起发生在西汉末至东汉初，随着土地兼并加剧和社会矛盾激化，一些拥有大量土地和财富的人逐渐成为豪强地主。光武帝刘秀就是南阳的豪强大地主，在豪强地主的支持下登上了皇位。士族来源于东汉时期的累世公卿、豪强地主，随着汉武帝推行“察举制”和“独尊儒术”，加速了豪强地主向士族的转化。豪强地主通过经济、政治和文化等方面的积累逐渐转化为士族，进而发展为门阀世家大族。

士族是以家族为基础，以门第为标准，在社会上形成的地主阶级中的特权阶级。士族以外的地主称庶族。两晋南北朝时期，士族进一步发展为门阀世家大族。司马氏依靠士族夺取政权，建立政权后与士族分享权利，社会上出现了“上品无寒门，下品无士族”的现象。士族制度确立后，地主阶级严格分为士族和庶族两个阶层，士族很快暴露出奢侈残暴的腐朽性，政治日趋败坏，加强了统治阶级内部的矛盾。

东晋南朝前期，门阀士族特别重视郡望和流品，严格区分门第的卑贱，在高门大姓和寒门庶族之间形成等级森严的壁垒。士族在政治、经济、文化及社会生活各方面享有特权。在南北士族支持下建立起来的东晋，100多年间的朝政由王、谢等几家士族轮流执掌，一直维系着士族代表人物与司马氏共天下的格局。政治上，士族凭借资历和门第垄断清官要职。经济上，士族不仅按照官职可享有特权，而且四处求田问舍，霸占山林川泽，建立起自给自足、实力雄厚的庄园经济。

为了维护特权，士族过分夸大与庶族之间的差异，他们不屑于担任事务烦琐、升迁机会较少的官职，也不愿意带兵打仗，更不愿意与庶族通婚往来。东晋末年，士族在奢侈浮华中走向衰落，庶族代之而起。士族和庶族的斗争贯穿三国、魏、两晋、南朝始终，三国两晋南北朝的时局围绕着庶族、士族的斗争而跌宕起伏。

趣味小知识：九品中正制

九品中正制由魏文帝曹丕在220年采纳魏吏部尚书陈群的建议所制定。九品是划分人才优劣的9个等级。中正是品评官，一般由中央有名望的官员按照原籍兼任。这些中正官大多出身士族，中央有关部门依据中正对士人评定的品级，选任官吏时授予相应的官职。九品中正制初创时，中正考评士人，家世、才能并重；发展到西晋，主要看门第和家世，才能已经无足轻重。九品中正制与士族相辅相成，是魏晋南北朝政治生活的最大特点。

项目六 文化旅游资源

一、世界文化遗产

1. 敦煌莫高窟

莫高窟位于甘肃省敦煌市东南25公里处的鸣沙山东麓断崖上，宕泉河从其前面流过，是莫高窟建造和发展的源泉。莫高窟地处丝绸之路的战略要点，不仅是东西方贸易的中转站，也是宗教、文化和知识的交汇处。莫高窟以其雕像和壁画闻名于世，展示了延续千年的佛教艺术。

莫高窟始建于366年，连续建造了一千多年，经历了十六国、北魏、西魏、北周、隋、唐、五代、宋、西夏等朝代，至元代才停止开窟。现存洞窟735个，分布在1700多米长的崖壁上，共南北两区。南区是开窟的施主及其眷属供佛和礼佛的殿堂，有洞窟492个，壁画4.5万平方米，窟内显著位置安置彩塑，其余四壁、佛龛、窟顶和甬道均绘制壁画。北区是僧侣修行、生活和瘗埋的场所。

1900年发现的藏经洞，出土了5—11世纪初的经卷、文书、刺绣、绢画、法器等文物 5 万余件，被外国探险家和掠夺者盗走或破坏严重，不少珍品珍藏在法国、英国、日本、俄国等国家的博物馆里。

敦煌的智慧旅游工作完善，相继开发了数字敦煌、云游敦煌等，满足人们游览、欣赏、研究等需求。与敦煌相关的文旅项目《又见敦煌》《敦煌盛典》《乐动敦煌》《丝路花雨》等。这些演出为游客呈现出精彩绝伦的敦煌文化视觉盛宴。

2. 大同云冈石窟

云冈石窟，位于山西省大同市城西 16 公里的武周山南麓，武州川的北岸，东西绵延约 1 公里。从 398 年拓跋珪迁都平城（大同），至 494 年魏孝文帝迁都洛阳，平城作为北魏的首都和北方政治、经济和文化中心，历 96 年之久，云冈石窟便是北魏为宣传佛教而营建的。在文成帝拓跋濬的支持下，昙曜主持了云冈石窟的开凿工作。云冈石窟的开凿历时约 150 年，历经北魏、东魏、西魏、北齐、隋、唐等朝代。大部分洞窟在孝文帝都迁洛阳前完工。

云冈石窟现存主要洞窟 45 个，附属洞窟 209 个，雕刻面积达 18000 余平方米。造像最高 17 米，最小 2 厘米，佛龛约计 1100 多个，大小造像 59000 余尊。云冈石窟的石刻艺术具有浓郁的胡风胡韵，既有印度、中西亚元素，也有希腊、罗马建筑造型、装饰纹样、相貌特征等，这些元素在中华艺术宝库中是独一无二的。石窟中的佛像、菩萨、飞天等造型各异，栩栩如生。石刻造像不仅记录了北魏的社会生活、经济状况和文化风尚，还反映了当时人们的宗教信仰和审美观念。

云冈石窟不仅有丰富的研学课程，还举办旅游节、博览会等活动，不仅展示了大同的旅游资源和文化魅力，还促进了旅游业的繁荣发展和城市知名度的提升。

3. 洛阳龙门石窟

龙门石窟位于河南省洛阳市南郊伊河两岸。因山清水秀，环境清幽，素为文人墨客观游胜地。又因当地石质优良，宜于雕刻，故而古人择此而建石窟。

龙门石窟是世界上造像最多、规模最大的石刻艺术宝库，被联合国教科文组织评为“中国石刻艺术的最高峰”。开凿于北魏孝文帝年间（493 年），历经东魏、西魏、北齐、隋、唐、五代、宋等朝代，长达 1400 余年，现存洞窟像龛 2345 个，造像 11 万余尊，碑刻题记 2800 余品。龙门石窟造像多为皇家贵族所建，如根据武则天容貌雕刻的卢舍那大佛、孝文帝为冯太后凿古阳洞等。

北魏孝文帝迁都洛阳后，进行了一系列汉化改革，造像风格受南朝士族审美的影响，崇尚以瘦为美，在龙门石窟开创了“秀骨清像”的造像风格，代表性的造像如宾阳中洞的佛像。到了隋唐时期，造像面部丰满圆润，体态丰腴，线条流畅，充分展现了唐代“以胖为美”的审美风尚。龙门石窟是中国石窟艺术的“里程碑”，不仅对国内其他石窟的开凿产生了重要影响，还远及东亚的朝鲜、韩国、日本等国。

在智慧旅游方面，龙门石窟景区率先成为全国第一个 5G 全覆盖的智慧景区，打造了《无上龙门》全息天幕秀沉浸式文旅项目，丰富了旅游者的旅游体验。

二、历史文化名城

三国两晋南北朝时期，是中国历史上一个分裂动荡但文化繁荣的时期，这一时期涌现出众多大都市。如襄阳、南京、许昌、南阳、邺城等。

1. 襄阳

襄阳，位于湖北省西北部，长江支流汉江的中游，以县治位于襄水之阳而得名。襄阳西接四川、汉中，东连武汉，北接中原，位于多条水旱道路交会之处，是一个横贯东西、纵连南北的枢纽。因此，襄阳在三国两晋南北朝时期成了群雄逐鹿、兵家必争之地。襄阳素有“铁打的襄阳”“兵家必争之地”等称号。

襄阳发生的大小战役难以计数，著名的战例有白起水灌鄢城之战、关羽水淹七军之战、岳飞收复襄阳之战、宋元襄樊之战、李自成进占襄阳之战等。三国时期，襄阳是荆州的首府，魏、蜀、吴三方多次在此争夺。襄阳不仅是军事重地，也是三国文化的发源地之一。《三国演义》中，有多达32回的故事发生在襄阳，襄阳拥有众多的三国历史文化遗迹，如古隆中、水镜庄、徐庶庙等，这些遗迹不仅见证了三国的历史，也成了后人缅怀三国文化的场所。

襄阳在三国两晋南北朝时期的经济地位也十分重要。作为南北通商和文化交流的通道，襄阳的商业繁荣程度在当时名列前茅。其“七省通衢”的地理优势，使襄阳成为连接南北、东西的重要商贸中心。

2. 南京

南京位于江苏省西南部、长江下游。229年，吴大帝孙权从武昌（今湖北鄂州）迁都建业，为南京建都之始。继三国吴后，又先后有东晋，南朝宋、齐、梁、陈在建康建都，前后共320余年，史称六朝古都。在六朝以后1000多年中，五代十国时的南唐、明朝、太平天国及中华民国都曾建都南京。

东晋及南朝时期，北方战乱不断，大量人口南迁，南京作为南方政治中心的地位更加凸显。随着南方经济的繁荣和人口的增加，南京的商业活动更加频繁，南京成为南方地区商品集散地和交易中心之一。

南京在两晋南北朝时期也是手工业的重要中心之一，手工业以制瓷、绸缎、金银首饰等制造工艺著称。南京云锦始于六朝，鼎盛于清，因图案花纹典雅、色彩绚丽宛如天上云霞，得名“云锦”，位列中华“三大名锦”之首。南京云锦织造技艺、金陵刻经（中国雕版印刷技艺）、南京剪纸（中国剪纸）3个项目入选《人类非物质文化遗产代表性项目名录》。

至2022年年底，南京有国家级旅游景区52家，其中4A级以上景区29家。钟山风景名胜区—中山陵园风景区、夫子庙—秦淮风光带风景名胜区为国家5A级旅游景区和中国旅游胜地“四十佳”，1项世界文化遗产为明孝陵。

3. 许昌

许昌的历史可以追溯到三国时期，当时称为许县。在东汉建安元年（196年），曹操迎汉献帝迁都于此，称此地为许都，使许昌成为北方的政治、经济、文化中心。随后，在魏文帝曹丕的时代，于魏黄初二年（221年），将许县改为许昌县，标志着许昌名称的正式确立。许昌在三国时期成为魏国的五都之一，具有重要的政治地位。此后，许昌在历史上经历了多次行政区划的调整和名称的变更。

许昌拥有丰富的历史文化遗产，如曹魏古城、春秋楼、灞陵桥、曹丞相府等三国文化遗址，许昌博物馆内珍藏了大量历史文物。

三、知名景点

1. 文武赤壁

（1）文赤壁。

文赤壁地处古城黄州西北汉川门外，由于北宋著名文学家苏轼于此写了传颂千古的前后《赤壁赋》，而被命名为“东坡赤壁”或“文赤壁”。

文赤壁自然风光优美，人文底蕴丰厚，历代骚人墨客留下了众多书画碑刻。苏东坡的《景苏园帖》碑刻，书法评论家认为可与王羲之的《兰亭序》、颜真卿的《祭侄稿》相媲美，被推崇为天下第三行书。还有嵌于坡仙亭内的草书《念奴娇·赤壁怀古》。碑阁内还有苏轼手书的《赤壁赋》石刻，历代书法鉴赏家对此评价极高。这里保留有苏轼的画作两幅：一为《月梅》，一为《寿星》。除苏轼书画碑刻之外，明代郭凤仪于嘉靖年间所画的《东坡老梅》，也极为珍贵。

（2）武赤壁。

武赤壁位于赤壁市西北36公里的长江南岸，隔江与乌林相望。武赤壁是著名的赤壁之战古战场。文人骚客来此凭吊者，自古不绝，留下了众多书法作品。

三国赤壁古战场是华中地区规模最大的三国文化体验基地。景区配套服务设施及功能有：大型会议中心“集贤殿”、极具汉代风格的“赤壁驿馆”及“研学营地”、三国饮食文化特色的“御膳坊”、拓展训练基地“水兵校场”以及再现三国风情和地方特色的大型实景戏演出等，是观光览胜、度假休闲、科学考察、历史考古、科普教育的理想场所和最佳去处。

2. 绍兴兰亭

兰亭位于浙江省绍兴市柯桥区兰亭镇兰渚山麓，地处绍兴古城西南约11公里，以汉代驿亭所在而得名，现存建筑为清代重建。东晋永和九年（353年）暮春，王羲之邀请谢安等好友41人在兰亭修禊，临流泛觞，赋诗抒怀；王羲之欣然作序，心酣落笔，成为千古妙墨，世称《兰亭集序》。

步入兰亭入口处，穿过竹林，迎面即为“鹅池”。池边有亭，亭内立碑，上刻“鹅池”两字，相传为王羲之、王献之父子合书。越过三曲小桥，即可看到“兰亭”碑亭。“兰亭”两字，为清康熙帝御笔。碑亭之东是“流觞亭”，亭前有“之”形曲水，水边立“曲水流觞”刻石。亭后为御碑亭，内立御碑，碑阳为康熙帝临《兰亭序》全文，碑阴为乾隆帝题《兰亭即事诗》。园内设有“曲水流觞”体验项目，供研学游客体验学习东晋文人的乐趣。园区出口处还有书法博物馆，博物馆经常举办书法赛事和教育活动，是书法爱好者交流的圣地。

2009年，兰亭被授予“绍兴市爱国主义教育先进基地”的荣誉称号。2013年，被列为全国重点文物保护单位。如今，兰亭成为向广大青少年宣传我国深厚且优秀的书法文化，激发热爱祖国、热爱中华传统文化情感的景区。

课后作业

一、简答题

1. 三国两晋南北朝与五胡十六国分别指哪些，它们的区别与联系是什么？

2. 为什么在三国两晋南北朝时期佛教迎来大发展，表现在哪些方面？

3. 三国两晋南北朝是一个什么样的朝代？请结合示例说明。

4. 三国两晋南北朝时期有哪些知名人物，任选其中 3~5 个从人物生平、主要贡献进行介绍。

二、设计题

1. 假设你受到了某三国影视乐园的邀请，要为其设计一个情景剧，请以“赤壁之战”战争为背景，设计一个时长 15 ~ 20 分钟的情景剧。根据任务完成情况，各小组相互进行评价（见表 3-1）。

表 3-1　评价

评价指标	完成情况			
	好	较好	一般	差
故事情节				
角色设定				
对白与语言				
表演细节				
情感表达				

2. 三国两晋南北朝时期，佛教在中国大放异彩，分别被列入世界遗产行列的中国三大石窟也在此时开始营造，请查阅相关材料，完成表 3-2。

表 3-2　中国三大石窟信息

石窟名称	位置	开凿首窟时间	开凿首窟之人	石窟特色	石窟的文化及旅游价值
1					
2					
3					

第四章 隋唐及五代十国历史与文化旅游资源

本章导读

公元6世纪后期到10世纪初，西欧处于黑暗的中世纪。7—8世纪，伊斯兰教创始人穆罕默德及后继者，建立起横跨亚、非、欧的阿拉伯大帝国。东方大地上出现了隋唐的统一王朝，国力强盛，开疆拓土，经济繁荣，文化辉煌灿烂，民族往来和对外交往活跃，制度上也有所建树，在当时的世界范围首屈一指。自唐中期爆发安史之乱之后，中央对地方的控制力严重削弱，最终演变为五代十国的分裂局面。

学习目标

» 了解隋、唐、五代十国政权更迭的历史脉络；

» 能认识这一时期制度演进、民族交融、区域开发、思想文化发展等新的成就；

» 能分析安史之乱的原因、意义及后果；

» 能分析唐朝与吐蕃、突厥、回鹘等的互动的后果；

» 能赏析隋唐及五代十国时期优秀的文化旅游资源，并能进行相应的产品设计。

项目一 朝代脉络介绍

1. 隋唐

581年，北周外戚杨坚代周称帝，改国号为隋，定都长安，是为隋文帝。589年，隋文帝派次子杨广率兵灭南朝陈国，结束了南北长期分裂的局面。文帝死后，杨广即位，是为隋炀帝。隋炀帝自恃胜强，大兴土木，3次大举征伐高丽，生产遭到严重破坏，最终引发了大规模起义。隋朝贵族李渊趁机在太原起兵，618年，隋炀帝在江都被部将杀死，隋朝灭亡。

618年，李渊在长安称帝，建立唐朝，是为唐高祖。755年，身兼三镇节度使的安禄山，在范阳起兵发动叛乱，这场叛乱历时8年，史称"安史之乱"。安史之乱之后，唐朝内部藩镇割据，这种局面在唐后期持续了100多年。最终，875年，黄巢领导的农民起义爆发，起义军将领朱温最开始降唐，镇压黄巢起义，逐渐控制政权。907年，朱温废唐称帝，国号梁，史称后梁，唐朝灭亡。

2. 五代十国

唐灭亡之后的50多年间，黄河流域先后经历了后梁、后唐、后晋、后汉、后周5个短命朝代，称为"五代"。南方各地先后出现吴越、南唐等9个割据政权，连同五代末期在山西建立的北汉，称为"十国"。中国进入了半个多世纪的分裂割据时期。

项目二 地理概念及关键历史事件

一、地理概念

1. 关中与关东

关中指的是渭河下游，从宝鸡到咸阳、西安，以及渭南一带。这里是一个盆地，号称八百里秦川，东临黄河，其余三面都是高山险阻，北面是黄土高原，西面是陇山，南面是秦岭。山河之间形成的道路交通险要地带即成关口，关中就是一处被众多关口包围其中的地带。这里自古是兵家必争之地，易守难攻。秦朝正是以关中为根据地，统一了六国。

隋唐时期的关中和关东是两个具有特殊政治意义和地域特色的区域。以函谷关为界，关口以东为关东，关口以西为关西。关东是关中以东的地区，关东地区是传统意义上的“中原”，包括今天的河南、河北、山东。关东地区在隋唐时期也是重要的政治区域，聚集着大量权贵豪门。

在隋唐时期，关中贵族势力（也称关陇军事贵族）和关东的贵族势力相互制衡，共同影响着当时的政治格局。皇帝常利用关东的贵族来抗衡关中的贵族势力，以维护自己的统治地位。

趣味小知识：关中“四关”

关中名字的来由，是因为进出秦川只有四个险要的关口，东面的函谷关，南面的武关，西面的散关，北面的萧关。

函谷关：位于河南省灵宝市北，是连接中原与关中地区的咽喉要道。历史上，函谷关以“一夫当关，万夫莫开”著称，是东去洛阳、西达长安的必经之地。

武关：位于陕西省商洛市丹凤县东武关河的峡谷之上，是关中地区的南大门。武关地势险要，易守难攻，是连接中原与荆楚、巴蜀的交通要道。

散关：又称大散关，位于陕西省宝鸡市西南的大散岭上，是关中四关的西大门。散关北连陇山，南接秦岭，扼守南北交通要道，是兵家必争之地。

萧关：位于今宁夏固原市东南，是历史上中原王朝与北方游牧民族交往的重要通道，也是关中地区的北大门。

2. 江南

江南，并非字面意义的长江以南，江南在此是一个文化地理概念。其核心区包括长江、钱塘江下游沿岸，以及两者之间的太湖流域，也就是古代吴越之地。其总面积约8万平方公里，不足全国国土面积的1%。就是这么面积不大的区域，却成了美好事物的代名词，在北方一些宜居之地也被冠以江南的称号，如宁夏平原被称为“塞上江南”。西藏林芝被称为“西藏江南”，新疆伊犁被称为“塞外江南”。

江南，在吴越时期是个蛮荒之地，真正成为中国文明富饶的地方，主要在于三次衣冠南渡：第一次是五胡十六国时期，大量汉人渡过长江，不仅为江南带来了大量人口，还带来了中原地区先进的文化、技术，使江南第一次成为中国的政治和文化中心。第二次是唐安史之乱后，这次南渡进一步推动了江南地区的经济与文化发展，江南成为中华文明的避难所。第三次是北宋末年的“靖康之耻”，北方士族再次南下，在杭州建立南宋，从这个时期起，江南真正成为全国的文化中心。

从最早的蛮荒之地，到后来的经济文化中心，江南见证了中国的发展历史。

趣味小知识：文学中的江南

在文学作品中，“江南”常被描绘成一个充满诗意和浪漫的地方。如：唐代诗人杜牧的《江南春》：“千里莺啼绿映红，水村山郭酒旗风。南朝四百八十寺，多少楼台烟雨中。”唐代诗人白居易的《忆江南三首》：江南忆，最忆是杭州。山寺月中寻桂子，郡亭枕上看潮头。何日更重游？

宋代词人韦庄的《菩萨蛮·人人尽说江南好》：“人人尽说江南好，游人只合江南老。春水碧于天，画船听雨眠。”宋代词人王安石的《泊船瓜洲》：“京口瓜洲一水间，钟山只隔数重山。

春风又绿江南岸，明月何时照我还。”

除了以上几首诗词外，还有许多其他描写江南的文学作品，这些诗词共同构成了丰富多彩的江南文化画卷。

二、关键历史事件

1. 开凿隋唐大运河

605 年，隋炀帝以东都洛阳为中心，下令开凿大运河。早在春秋时期，吴王夫差就开凿了连接江淮的邗沟。隋炀帝在历代古运河的基础上，历经 5 年，于 610 年开通了永济渠、通济渠、邗沟和江南河 4 段，连接成一条贯通南北的大运河。它北通涿郡（今北京），南达余杭（今杭州），全长四五千里，是当时世界上最伟大的工程之一。经过深挖和拓宽的大运河，渠道深广，旁筑御道，沿河栽榆柳，十分壮观。大运河开通以后，“运漕商旅，往来不绝”“自是天下利于转输”。大运河是南北交通的大动脉，加强了南北联系，也支持了隋炀帝对东北地区的战争，对巩固统一、促进南北经济交流以及运河沿岸城市发展，起了重要的作用。

趣味知识：关于隋唐大运河

大运河将海河、黄河、淮河、长江、钱塘江五大江河连为一体，即使在现代也是一项伟大的工程，但是因为此运河，隋炀帝留下无数骂名，后世不仅“尽道隋亡为此河”，而且将隋炀帝开凿大运河的目的归于游玩江南，“种柳开河为胜游”。隋炀帝开凿大运河的目的到底是什么呢？隋朝将动荡割据将近 300 年的中国重新统一，而南方和北方的文化迥异，同时获得南方、北方的民众认同是一个重要的原因，获取江南物资为另外一个关键因素。

隋二世而亡，李唐王朝是隋代运河的直接受益者，南北两大经济区的沟通促进了古代经济中心的南移。

2. 隋炀帝三征高丽

高丽（又称高句丽）在隋文帝时期多次小规模袭击隋东北边疆，甚至联合契丹、靺鞨等民族对抗隋朝。隋炀帝即位后，继承了隋开疆拓土的传统，也为了更大的功绩，同时，也为了消除隋朝边境存在的威胁，将征服高丽视为重要目标。隋炀帝在 612 年、613 年和 614 年连续三次进攻高丽，第一次因损失惨重而退兵，第二次因国内爆发杨玄感叛乱，隋炀帝被迫回师平叛而退兵，第三次虽然名义上取得胜利，但实际上未能彻底征服高丽。隋炀帝失败的原因，除了国内并不稳固的统一之外，从战略战术上看，当时的东北亚易守难攻——夏季倾盆大雨，雨季结束便是寒冬，真正能作战的时间只有 4~7 月。

三次征伐极大地损耗了隋的国力，导致经济衰退、民不聊生，引发了大规模的农民起义和内部动荡。618 年，隋炀帝被起义军围困江都，部下见大势已去，杀死了隋炀帝，隋朝灭亡。

3. 科举考试制度形成

曹魏时期创立九品中正制的选官制度，选官标准从初期的重视家世、道德和才能，演变为西晋时期主要看家世，九品中正制逐渐演变成为维护士族特权的工具。随着士族门阀的衰落和庶族地主的兴起，九品中正制无法继续，北朝后期，选官已经重视才干，而不完全凭门第高低。隋文帝即位后，废除九品中正制，采取分科考试的方式选拔官员。隋炀帝时，设立进士科，科举制度开始形成。

唐朝完善了科举考试。科举制的创立，是选官制度的一大进步，冲破世家大族垄断仕途的局面，起到抑制门阀的作用。科举考试把读书、考试、做官紧密联系起来，提高了官员的文化素质。因此，这一制度为历朝沿用，直到清末才废除。唐朝时期，诗赋成为进士科的主要考试内容，促进了唐诗的繁荣发展。

然而，科举制把士人的精力吸引到应付诗赋文学考试上，对实用性的学问有所忽视。

趣味小故事：与科举有关的成语

科举考试影响了无数中国人的命运，而我们日常使用的与科举有关的成语也是不胜枚举。如金榜题名、蟾宫折桂、十年寒窗、一举成名、连中三元、独占鳌头、得意门生、小题大做、名落孙山、屡试不第……除此之外，还有一些脍炙人口的诗句："春风得意马蹄疾，一日看尽长安花。"这些成语不仅反映了科举制度的各个方面和读书人的心路历程，还蕴含了丰富的文化内涵和历史价值。

4. 玄武门之变及贞观之治

在唐朝建立和统一全国的过程中，李渊的次子李世民功劳卓著，随着李世民的权势不断上升，他与太子李建成的矛盾日益激烈。626 年，李世民发动玄武门之变，杀死太子李建成，不久即帝位，次年改元贞观。

唐太宗汲取隋亡的教训，强调"存百姓"的重要性。唐太宗励精图治，采取了一系列行之有效的措施加强统治。他知人善任，虚怀纳谏。实行轻徭薄赋，劝课农桑，多次下令减免租税。兴修水利，促进农业生产。唐太宗兴科举之风，以儒为师，大办学校。贞观年间，唐朝政治比较清明，社会稳定，经济恢复发展，国力逐步增强，百姓生活有所改善，史称"贞观之治"。

5. 文成公主进藏

松赞干布即位后，与唐朝建立了联系，多次遣使向唐求婚。唐太宗把文成公主嫁给了他。贞观十五年（641 年）正月十五，唐太宗派江夏王李道宗送文成公主入吐蕃。文成公主嫁入吐蕃，带去100多种生产技术，医药书籍和大量手工艺品，促进了吐蕃经济文化的发展。

趣味小知识：唐蕃古道

文成公主进藏的路线被称为唐蕃古道，这是一条连接唐朝都城长安（今西安）与吐蕃都城逻些（今拉萨）的重要通道。这条古道不仅见证了文成公主进藏的历史事件，也促进了汉藏两族之间的贸易往来和文化交流。文成公主入藏的路线大致起自唐朝都城长安(今陕西西安)，途经甘肃、青海，最终到达西藏拉萨，全长3000余公里。与文成公主入藏有关的景点有：青海的日月山，倒淌河、勒巴沟、大昭寺和小昭寺等。

6. 安史之乱

开元年间，边疆形势随着版图拓展日益紧张。唐玄宗在边境重地增置军镇，加强边防，除了军事职权之外，节度使还兼管行政、财政，权力很大，而此时的朝廷，兵力微弱，不能作战，兵器大都朽坏，出现了外重内轻的局面。唐玄宗统治后期，沉湎于享乐，怠于政事，任人唯亲，朝政日益腐败。

755年，身兼三镇节度使的安禄山在范阳起兵，和其部将史思明一起发动叛乱。这场叛乱历时8年，后被唐平定，史称“安史之乱”。大乱之后，北方经济遭到极大破坏，百姓流离失所，商旅断绝，人口锐减，满目疮痍。而江淮地区由于未直接被安史兵祸波及，经济相对稳定，这促使了中国经济重心的逐渐南移。

边疆地区原先派驻的重兵，安史之乱时将其主力调回内地平叛，边防空虚，吐蕃趁机占领河西、陇右地区，南诏攻入蜀地，造成了严重的边疆危机。从此，唐朝由盛转衰。在平定叛乱的过程中，唐军许多将领拥兵自重，中央集权被削弱，唐朝陷入了藩镇割据的局面，这个局面持续了100多年，直到唐朝灭亡。

趣味小知识：天宝年间的节度使制度

为了应付对外作战，唐玄宗于天宝年间建立了节度使制度，在边境先后设立了安西、北庭、河西、朔方、河东、范阳、平卢、陇右、剑南9个节度使和岭南经略使。为减轻庞大的国防开支造成的财政压力，中央决定让各节度使自负盈亏，这样一来，节度使手中便掌握了行政、财政、军事等众多权力，极易威胁中央。

玄宗和林甫通过节度使之间的互相制约来化解这个问题，同时有意任命出身不高的番将担任节度使，降低其威胁中央权威的潜力。各节度使之间的相互制衡自有一套逻辑，根据战略目标，10个节度使可以分为五组。

第一组为安西节度使和北庭节度使，负责经营中亚。第二组为河西节度使和陇右节度使，负责压制吐蕃、隔绝吐蕃和突厥。第三组为朔方节度使和河东节度使，负责经略突厥。第四组为范阳节度使和平卢节度使，负责经营东北亚。第五组为剑南节度使，负责防备吐蕃和南诏。节度使不仅在军事上起到了重要作用，还在地方管理和经济发展中发挥了关键作用。然而，由于唐玄宗错误地任命安禄山为三镇节度使，导致安史之乱的爆发，最终结束了大唐的盛世。

7. 两税法改革

隋和唐前期，税制实行租庸调制。“租”是成年男子每年向官府交纳一定量的谷物；“调”缴纳一定量的绢和布；“庸”是在服徭役期限内，不服役的可以纳绢或者布。唐中期以后，人口增加，土地买卖和土地兼并盛行，政府直接支配的土地日益减少，均田制无法实行，租庸调也无法维持，政府财政锐减。

为了解决财政困难，唐德宗年间（780年），接受宰相杨炎的建议，实行两税法。两税法规定：每户按资产交纳户税，按田亩缴纳地税，取消租庸调和一切杂税、杂役，一年分夏季和秋季两次纳税。

两税法简化了税收名目，扩大了税收对象，改变了自战国以来以人丁为主的赋税制度，政府对农民的人身控制有所放松。在调动劳动者积极性方面有进步。实行两税法之后，赋税收入增加，但没有解决土地兼并的问题，土地兼并日益严重。政府在两税之外又加了其他苛捐杂税，导致两税法实行不久后便名存实亡了。

趣味小知识：唐朝的财政高手们

从755年的安史之乱，到907年唐朝灭亡。这个时期，藩镇割据、宦官掌权、朋党之争使唐朝元气大伤，但是风雨飘摇的中晚唐延续了152年才灭亡，很重要的原因之一是唐朝的经济稳住了，在最艰难的时候出了几个财政高手力挽狂澜。

唐肃宗时期的第五琦。他复姓第五，单字名琦。主要举措：整顿改革盐法、保障军饷供应，为平息安史之乱的战争提供了重要的物资支持。

唐代宗时期的刘晏。主要举措：榷盐法、改革漕运、改革常平法。通过这些举措，增加了财政收入，提高了运输效率，降低了运输成本；稳定了经济秩序，保障了民众的基本生活。

唐德宗时期的杨炎。两税法的改革方案，增加了国家财政收入，减轻了农民的税赋负担。

8. 唐朝的衰亡

（1）宦官专政。

玄宗后期，宦官高力士参与政务。唐肃宗即位，宦官李辅国因拥立唐肃宗有功而受到重用。他不仅参与机要，而且统领禁军，任免宰相。后来宦官势力不断膨胀，国策制定、朝臣节度使的任免、皇帝的废立，几乎都由他们把持，形成宦官专政的局面。唐朝后期，8个皇帝由宦官拥立，2个皇帝被宦官害死。长安一带的良田、名园和豪宅半数为宦官占有，他们欺压百姓，无恶不作。

（2）牛李党争。

唐朝后期，朝廷高官为了各自的私利，拉帮结派，结为朋党，形成派系之争。其中，牛僧孺和李德裕为首的两派官僚，斗争前后长达40多年，史称"牛李党争"。李党多出身世代公卿，反对以科举考试选官；牛党多出身进士，主张以进士科取人，他们的斗争最终以牛党当权告终。

（3）农民起义。

唐后期，土地兼并严重，官吏贪婪腐败，战火连绵，百姓困苦不堪。875年，山东、河南农民王仙芝、黄巢率领农民起义。起义军转战大半个中国，一度攻入长安，建立政权。唐僖宗逃往成都，集结力量反扑，黄巢被迫撤出长安，兵败自杀。经过唐末农民起义的打击，腐朽的唐王朝分崩离析，名存实亡。

项目三 内外交往

一、民族交往

隋唐时期，与周围的突厥、吐谷浑、铁勒、吐蕃、回纥、党项等民族交往密切，有大量少数民族人口内迁，在边疆地区也是多民族混居。由于中原战乱等原因，有大量汉族人口流入边疆地区。

1. 与岭南地区的关系

隋朝加强了对岭南地区百越民族的治理，通过册封百越首领的方式加强中央对地方的控制。隋开皇九年（589 年），百越首领冼夫人被册封为谯国夫人，为治理岭南起到了重要作用。唐朝也继承了这一政策，继续册封百越地区的首领，以巩固统治。

隋唐时期，随着王朝对南方地区控制力的不断加强，特别是文明的教化，越来越多的越人同化为汉人。越作为一个古老的民族逐渐消失，其主体被汉族同化，成为汉族的重要来源；留居山区或偏远地区的部分越人，则发展成为今天壮、布依、黎、水、侗、畲、傣等少数民族。

趣味小知识：冼夫人的故事

冼夫人，513 年生于岭南高凉郡（今广东茂名）的一个俚人世袭首领家族，是南北朝至隋朝时期岭南地区杰出的少数民族首领。她为民族团结和国家统一做出了巨大贡献，被后人誉为“中国巾帼英雄第一人”。

冼夫人早年嫁于高凉太守冯宝，23 岁被推为俚族首领。她在数十年的时间内，成功使周边各族归服，所辖地域东至阳江阳春（今广东），西至广西部分，南至雷州半岛和海南岛。她多次协助朝廷平定叛乱，如协助陈霸先平定侯景之乱、率军平定广州刺史欧阳纥的叛乱等。隋朝时，她率领族人归附隋朝，并协助隋朝平定岭南地区的叛乱。

冼夫人思想开明、富有远见，她积极推广汉族先进生产技术和文化，改变俚人旧俗，严格约束族人遵守各项法令。她还向梁朝廷请求在海南岛设置崖州。冼夫人去世后，隋文帝追谥其为“诚敬夫人”，历朝历代对她都有很高的评价。后世为了纪念她的功绩，在多地建有冼夫人庙、冼夫人墓等遗址。

2. 与突厥的关系

突厥是兴起于阿尔泰山地区的游牧部落，草原霸主柔然没落之后，突厥悄悄兴起，552年，突厥汗国建立。

隋初，突厥被隋打败，分裂为东突厥和西突厥；贞观时（629年），唐军击败并俘虏东突厥可汗，东突厥汗国灭亡。草原各族奉唐太宗李世民为“天可汗”。

隋唐之交，西突厥强大，天山以南的西域各国都受西突厥的控制，影响了丝路的畅通。唐灭东突厥后，开始经营西域，先征服依附西突厥的高昌，于640年设置安西都护府，统辖高昌故地。唐高宗时（657年），唐军联合回纥大破西突厥。后设置了北庭都护府，统辖西突厥故地。682年，安置在北方的东突厥反叛唐朝，一度建立后突厥汗国。744年，唐朝与漠北回纥、葛逻禄等联手平定了后突厥汗国。从此，活跃了200多年的突厥在中国北方退出了历史舞台。

趣味小知识：奥斯曼帝国

657年，西突厥西迁的转折点之一是唐灭西突厥之战。突厥人西迁不仅改变了突厥人的命运，对中亚、西亚乃至欧洲的历史产生了重要影响。

11—13世纪，西突厥的一支人马在酋长埃尔托格卢尔的率领下进入小亚细亚，依附于塞尔柱人建立的鲁姆苏丹国，封地在分割欧亚大陆的战略要地达达尼尔海峡周围。埃尔托格卢尔去世后，儿子奥斯曼继承领地，他娶了伊斯兰教苏菲派长老的女儿，在奥斯曼即位时，长老赠予他一把“胜利之剑”，还特别授予他伊斯兰教“圣战者”的光荣桂冠，使他头上蒙了一层神秘的光环。奥斯曼于1300年自封为苏丹，塞尔柱人在小亚细亚的地位被取代，许多突厥部落投靠到奥斯曼麾下，这些突厥部落追随者一律用他的名字，通称“奥斯曼人”。奥斯曼去世后，这个突厥公国以他的名字来命名，称为“奥斯曼帝国”。

1453 年 5 月 29 日，奥斯曼帝国苏丹穆罕默德二世率领大军攻破了君士坦丁堡（东罗马帝国都城）。随着君士坦丁堡的陷落和皇帝君士坦丁十一世的战死，拜占庭帝国（东罗马帝国）灭亡。

奥斯曼帝国对东西交流极端敌视，元朝时期喧闹起来的丝绸之路重归寂静。无奈之下，欧洲向西寻找新的通道，一个被称为发现的新时代开始了。君士坦丁堡的陷落催生了大航海时代的到来，间接地把不为人知的美洲、大洋洲甚至南北极展现在人类面前。

3. 与回鹘的关系

7 世纪初，回纥在色格楞河（蒙古和俄罗斯中东部的河流）一带逐水草而居。东突厥灭亡后，他们南移，归附唐朝。8 世纪中期，回纥控制了东起黑龙江、西至阿尔泰山的广大地域。安史之乱期间，回纥出兵助唐平叛，唐肃宗开始，三位皇帝都把亲生女儿或妹妹嫁给了回纥可汗。

744 年，回纥改名回鹘，成立汗国。在粟特僧人的帮助下，回鹘将摩尼教定为国教，粟特人帮助回鹘汗国积累了大量的财富之后，回鹘迅速文明化了，开始修筑长城，变为定居的生活方式，逐渐丧失了游牧民族的优势。840 年，从回鹘汗国西北方的森林起家的黠戛斯人（突厥部落）攻击回鹘，很快，回鹘汗国就亡国了。此时的黠戛斯汗国，势力和影响力达到了鼎盛。

趣味小知识：回鹘西迁之后

亡国的回鹘人分几支四散逃亡。对于后世影响最为深远的，是向西逃亡的三支回鹘人。一支逃到中亚，征服了当地的游牧者，建立喀喇汗国，深刻影响和改变了中亚的政治格局。

一支投奔吐蕃帝国，在甘肃和青海建立了甘州回鹘附庸国，间接导致吐蕃的灭亡。甘州回鹘在 1028 年被西夏所灭，其部众融入了周边其他民族。一部分黄头回鹘人逐渐发展成为今天的裕固族。裕固族的服饰、饮食、居住、婚俗等方面都保留着古代回鹘人的遗风。

一支以高昌（今吐鲁番）为中心建立了高昌回鹘，高昌回鹘后来逐渐发展成为畏兀儿，即现代维吾尔族的祖先。

打败回鹘汗国后，黠戛斯成为草原新的霸主。随着草原新霸主（契丹、蒙古）的崛起，黠戛斯人经历了多次迁徙和融合。最终在 16—17 世纪，大部分黠戛斯人迁徙到中亚的吉尔吉斯斯坦附近，并和早期到达的黠戛斯人融合，形成了现在的吉尔吉斯人。吉尔吉斯斯坦的柯尔克孜族被称为吉尔吉斯人，而中国境内的柯尔克孜族则保持着原有的族名。

4. 与靺鞨与南诏的关系

靺鞨在先秦时期称为肃慎，分布在松花江、黑龙江流域，以渔猎、放牧为主；7 世纪中期，靺鞨的黑水和粟末两大部落强大起来。唐太宗时，黑水靺鞨向唐朝纳贡。7 世纪末，粟末部首领大祚荣自立为王，唐玄宗封他为渤海郡王，渤海国正式纳入唐朝版图。8 世纪前期，唐朝在黑水地区设置黑水都督府，任命首领为都督，这个地区划入唐朝版图， 10 世纪前期，渤海国被契丹所灭。

7 世纪初，在彝族、白族的祖先生活的云南苍山洱海一带，分布着六诏。唐玄宗支持南诏首领统一六诏，封他为云南王。8 世纪中期，唐朝宰相杨国忠为获边功，无故骚扰南召，引发了双边战争，战争持续 40 多年。其间，南诏几次求和，唐将不允，南诏被迫与吐蕃联盟反唐。后南诏遭吐蕃欺压，794 年，南诏王接受汉臣郑回的建议与唐会盟，重新归附唐朝。897 年，宰相郑买嗣发动政变灭南诏，建立起大长和国，后又进入了频繁的政权更迭，最终建立大理国。

5. 与吐蕃的关系

从战国到东汉，西羌的几个农业部落陆续进入西藏，与当地游牧狩猎部落结合，是吐蕃人的祖先。隋唐时期，青藏高原上建立了一些分散的政权，吐蕃政权实力最强。7 世纪前期，松赞干布成为吐蕃赞普，统一青藏高原，定都逻些（今拉萨）。唐太宗把文成公主嫁给了松赞干布。

松赞干布先后娶尼泊尔的尺尊公主和唐朝的文成公主，她们都带来了佛像，影响了松赞干布。他令人翻译佛经，并修建了大昭寺和小昭寺。佛教传入吐蕃后，对吐蕃的政治、文化产生深远的影响。吐蕃强大后，与唐争夺地盘，双方连年交战，消耗很大。9 世纪中期，吐蕃与唐会盟，称“长庆会盟”。至今，长安会盟碑还屹立在拉萨大昭寺的门前，后吐蕃发生内乱，逐步瓦解，842 年，吐蕃灭亡。

趣味知识：唐朝与吐蕃的百年鏖战

唐蕃对决从 638 年的松州之战开始，到 821 年的唐蕃会盟截止，绵延了 183 年。为了能够击倒对手，两国陈兵百万，大战 197 次。战线从云南北部，历经四川、甘肃、青海、新疆、一直延续到中亚，绵延长达数千公里。这场战争在时间和空间上的跨度太大，藏史研究者白发布衣将这场战争分成了五个阶段。第一阶段是松赞干布与唐太宗的相互妥协；第二阶段是禄东赞父子对高宗、武后的初占上风；第三个阶段是唐玄宗时期夺回主导权；第四个阶段是安史之乱后，吐蕃的全面优势；最后一个阶段是双方重回均势，最终达成和平会盟。

漫长的唐蕃国战，始于双方对生存空间的争夺。百年国战以盟誓方式终结，非源于战争诉求的消失，而是双方力量重回均势，谁都无力吞并对方。

二、对外交往

1. 与新罗的交流

隋唐时期，朝鲜半岛上的国家和中国多有往来，尤其唐朝时往来频繁，唐朝留学生也以新罗为多，不少新罗学生参加唐朝的进士科考试，中举后留在长安做官。新罗立国之后，沿用唐朝的制度。新罗从唐朝引入茶种和雕刻、印刷、制瓷、冶铜等手工业技术。新罗人喜欢写诗，许多文人会写诗。新罗在姓氏、服饰、节令、风俗等方面，有着浓郁的中华文化色彩，隋唐人也喜爱新罗音乐。

2. 与日本的交流

隋朝时，日本几次遣使到中国，隋炀帝也派使臣到日本。唐朝时，日本派出的遣唐使更多，同来的还有留学生、学问僧等。日本著名的大化改新，就是由留学唐朝回国之人策动的，新政中的政治制度、田制都是以唐朝为蓝本。都城的建设，完全仿照长安城的样式。那时对中日交往有突出贡献的人物有日本的吉备真备、阿倍仲麻吕、空海和中国的高僧鉴真。

742 年，鉴真在扬州大明寺应日本僧人邀请，东渡日本传授佛法。他百折不挠，终于在第六次东渡成功，鉴真不仅带去了大量佛经，还传播了盛唐的医学、建筑、雕塑、书法、绘画等，对日本的文化产生了深远影响。日本佛教中的律宗，就是由他首创的。他用鼻嗅的方法为日本辨别了许多药物，日本的药商奉他为始祖。他根据唐代寺院建筑的样式，为日本设计了唐招提寺的方案，并亲自指导施工，是日本著名的佛教建筑之一。

3. 与印度的交流

隋唐时，中国称印度为天竺，贞观时，天竺一再遣使来唐，送来郁金香、菩提树。唐太宗派人去天竺学习熬糖法。中国将十进位计数法传到天竺，推动天竺数学的发展。在中印文化交流中，中国的高僧玄奘和义净起了重要作用。

贞观初年，玄奘为求佛学，从长安出发，经过20多个国家到达天竺。在天竺的那烂陀寺钻研佛学5年，又到许多国家周游、讲学，成为公认的佛学大师。17年后返回长安，受到唐太宗的热情迎接，此后专心翻译佛经。玄奘的西行取经的经历被后人广泛传颂，成为《西游记》的重要素材。西安市的地标之一——大雁塔，位于西安市南郊的大慈恩寺内，是玄奘为保存由天竺带回长安的经卷佛像而主持修建的。

义净在唐高宗时由广州出发至天竺。浮海到天竺研究佛学后，又到今天的印度尼西亚搜集佛经。武则天时他回到洛阳，带回大量佛经，撰写《大唐西域求法高僧传》。描述了许多国家的社会、宗教、文化状况。

4. 与波斯、大食的交流

（1）与波斯的交流。

阿富汗及中亚的一些其他国家同隋唐往来密切，一再遣使前来，每次都带来名马、医药等珍贵特产。隋唐时，中国和波斯都互派使节。唐朝时，波斯遭大食的侵略，其王卑路斯和儿子先后来求援，客死唐朝。许多波斯商人在中国开设波斯店，做珠宝香料生意。

（2）与大食的交流。

唐高宗时期，大食遣使前来，此后一个半世纪里，中国和大食通使不绝。伊斯兰教就是由大食传入中国的。8世纪前期，大食势力发展很快，一直到达中亚。中亚的一些国家请唐朝出兵抵御大食的侵略，唐朝派大将高仙芝率兵前往。751年，高仙芝为大食所败，这场战役的失败对唐朝在西域的统治产生了一定的影响，也标志着唐朝在西域的扩张达到了极限。许多士兵被俘，他们之中有不少工匠，包括造纸匠。这样，在大食的撒马尔罕建起中亚第一家造纸工坊，中国的造纸术传入大食。

项目四　社会经济与文化

一、社会经济

1. 农业的繁荣

隋唐时期，各地新修了不少水利工程，还创新了新的灌溉工具筒车，发明了曲辕犁，提高了耕作技术。炼钢、炼铁技术的提高，钢刃铁农具得到普遍使用。农业的商品化程度提高，著名的茶园规模大，产量多，由于市场广泛，茶叶在唐朝成为人们生活的必需品。到唐中期，政府开始征收茶税。安史之乱后，我国经济中心开始南移，江南成了粮食的重要产地。

趣味小知识：茶叶成为唐朝国饮

中国是茶的故乡，茶文化的发源地。在唐朝时，茶叶成为国饮。主要原因有三个。首先，与唐朝的禁酒令有关，人口增加以及战乱造成农民大批流亡、土地丧失，使得唐中期以后的粮食匮乏，而酿酒却需要消耗大批粮食，于是唐王朝多次颁布禁酒令，提高酒价，实施政府专卖。

其次，种植条件和技术提升。唐代重视水利工程的建设，气候温暖湿润，茶叶栽培技术也有突破，为茶叶的大量种植创造了条件。

最后，僧人和文人的推崇。唐佛教和道教盛行，佛教最重要的修行之一是坐禅。坐禅易昏睡，茶驱睡魔的功效有助于佛家修禅，于是茶在寺院中广泛种植，僧人饮茶之风盛行，民间竞相效仿。陆羽写作的《茶经》，是世界上第一部茶书，提升了茶的文化品位，其高洁、脱俗，与文人们的审美情趣不谋而合，文人创作了大量的茶文、茶诗、茶画、茶歌。文人的嗜茶、赞茶之风，相互之间赠茶、敬茶，引领了社会新风尚。（资料来源：中国民族宗教网）

2. 手工业的繁荣

隋唐时期，手工业产地分布广，生产规模大，产量多，分工细，产品品种丰富。丝织业和陶瓷业是最发达的。当时，丝麻纺织业遍布全国各地，定州丝织业发达，出产高级丝织品。丝织技术高超，织法和图案还吸收了波斯风格，花色品种很多，以轻盈精薄著称。瓷器品种多，越窑的青瓷和邢窑的白瓷最负盛名，形成了南青北白的制瓷系统。陶瓷业出现了新产品，著名的有唐三彩、秘色瓷等。唐朝越窑的秘色瓷极为珍贵，是青瓷的一种，主要产自南方，可惜烧制技艺已失传。

3. 商业的繁荣

隋唐时期的商业比前代更繁荣，以长安、洛阳为中心的驿道四通八达，商人足迹遍布全国。交通要道上还有接待客商的私家店肆，备有“驿驴”，供客商骑用。以运河、长江为主的水运很方便，商船往来不绝。

城市有固定的交易场所——市。市由政府设立，范围也由官府规定。唐后期，一些繁华的大都市有了夜市，在广大农村，包括偏远地区都有定期举办的草市。草市在北方称“集”，“集”按交易的主要物品命名，如柴市、米市、马市等。

隋唐时期经商的人很多，有不少家财万贯、邸店遍海内的大商人。来自境外的胡商也遍布各大都会。商人众多的现象，在不少唐诗中可以看到。如“客行田野间，比屋皆闭户。借问屋中人，尽去做商贾”。隋唐两朝，长安和洛阳是全国的政治、文化中心，也是商业大都会。唐朝的长安城很大，是当时世界上面积最大的城市。长江流域的商业城市，以扬州、成都为东西两个中心。

4. 社会生活

隋唐时期，社会生活发生了较大变化，体现了兼容并蓄、多姿多彩、较为开放的社会风气。受西域影响，妇女盛行穿男装。唐朝的女装，流行袒胸窄袖，社会风尚较为开放。

隋唐时期，菜肴的品种相当丰富，不少蔬菜来自国外，如来自地中海的莴苣，印度的刀豆、尼泊尔的菠菜等。隋唐盛行饮酒、喝茶，中原人还从高昌学来酿造葡萄酒的方法。

垂足而坐代替了席地而坐。从敦煌壁画看，后代的桌、床、椅、凳等主要家具在唐末出现了。隋唐，尤其唐，骑乘之风盛行。无论帝王将相还是百姓出门都喜欢骑马、骑驴。文娱活动很丰富，如打马球、竞渡、荡秋千、斗花草等。

二、文化

1. 科学与技术

（1）天文和历法。

隋天文学家刘焯编制的《皇极历》，创立计算日月运行的新方法，是当时最先进的历法。唐代天文学家僧一行在《皇极历》的基础上，制定了《大衍历》，较为准确地反映了太阳运行的规律，表明中国古代历法体系的成熟。他还是世界上用科学方法实测地球子午线长度的创始人。

（2）医学。

隋唐几部有价值的医学著作，以杰出医学家孙思邈所著《千金方》最为重要，它总结了历代和当代的医学成果，且有许多创见。唐高宗时编修的《唐本草》是世界上最早由国家颁布的药典。

（3）建筑。

隋唐是中国古建筑的成熟时期。隋工匠李春建造了赵州桥。桥的大拱两端各有两个小拱。既可以加大泄水面积，减少洪水对桥身的冲击，又可以减轻桥身重量对桥基的压力，是现存世界上最古老的石拱桥。

2. 文学

唐朝是中国古代文学发展的高峰。唐朝开放繁荣的社会环境，加上科举考试以诗赋为主，使得中国古典诗歌进入黄金时期。唐诗发展可分为初唐、盛唐、中唐和晚唐4个时期。

初唐时期，从唐朝建立（618年）到玄宗开元初年（713年）。诗歌的风格逐步克服了六朝浮华浓艳的风气，致力于浑然天成的诗歌意境，建立起了积极向上、刚健有力的新诗风。代表诗人有初唐四杰（王勃、杨炯、卢照邻、骆宾王）和陈子昂。王勃最知名的作品是《滕王阁序》，千古名句"落霞与孤鹜齐飞，秋水共长天一色"吸引了无数人前往江西南昌滕王阁一睹其真容。陈子昂代表作《登幽州台歌》"前不见古人，后不见来者"引发了读者情感共鸣。

盛唐时期，从玄宗开元初（713年）至代宗大历初（766年）。这一时期的诗歌发展达到了顶峰，出现一批才华横溢的大诗人，代表唐诗的最高成就。如以王维、孟浩然为代表的山水田园派，以高适、岑参、王昌龄为代表的边塞诗派，以李白为代表的浪漫主义诗派，以杜甫为代表的现实主义诗派。李白被称为"诗仙"，其代表作有《蜀道难》《将进酒》《行路难》《望庐山瀑布》等。杜甫的诗歌反映了安史之乱前后唐代社会现实和战乱带给人们的伤痛。有"诗圣"之誉，代表作有"三吏三别"及《春望》《闻官军收河南河北》《春夜喜雨》等。

中唐时期，从唐代宗大历初（766年）到唐文宗大和九年（835年）。诗歌成就最突出的是新乐府诗。散文大家韩愈、柳宗元倡导反对因袭、反对骈文的古文运动。韩愈名篇有《师说》《进学解》等。此外，这一时期的山水诗、边塞诗继续繁荣，知名诗人有韦应物、孟郊、崔护、刘禹锡、张继等。张继的《枫桥夜泊》"姑苏城外寒山寺，夜半钟声到客船"，使寒山寺名扬海内外。刘禹锡的《陋室铭》"山不在高，有仙则名。水不在深，有龙则灵"千古流传。

晚唐时期，从文宗开成元年（836年）到唐末（907年）。晚唐诗风衰颓，但在表现手法和技巧上有开拓创新。代表诗人是杜牧和李商隐。杜牧擅长七绝，李商隐工于七律，两人合称为"小李杜"。李商隐的《无题》"身无彩凤双飞翼，心有灵犀一点通”被广泛引用。杜牧的《山行》中的诗句“停车坐爱枫林晚，霜叶红于二月花”描述的秋天美景引人入胜。

趣味小知识：《长安三万里》里的唐诗

2023 年 7 月，《长安三万里》电影一经上映，热度便持续高涨，一句“轻舟已过万重山”更是收获了 23 亿次短视频播放量，引起了不同年龄段观众的强烈共鸣。《长安三万里》用 48 首诗词带领观众穿越回那个文采耀目、波澜壮阔的时代。这些诗歌不仅丰富了影片的文化内涵，也让观众在观影过程中感受到了唐诗的魅力，品味“独属于中国人的浪漫”。如《静夜思》《黄鹤楼送孟浩然之广陵》《早发白帝城》《黄鹤楼》《将进酒》《望岳》等。李白、杜甫、高适、王维等一众诗坛“顶流”陆续登场，让观众梦回“大唐群星闪耀时”。

3. 艺术

（1）石窟艺术。

石窟在隋唐时期大为发展，最为著名的是坐落在敦煌的莫高窟，它有 1000 多个洞窟，隋唐时期开凿了三分之一。最精美的佛像和壁画，大都是隋唐时期作品，莫高窟堪称世界上最大的艺术宝库之一。

（2）绘画艺术。

隋唐绘画题材广泛，风格多样。宗教画生活气息浓厚，人物画注重表现人的形态，山水、花鸟也成了绘画的主题。杰出的画家有唐朝的阎立本、吴道子等。阎立本是初唐画家，他的代表作有《步辇图》《历代帝王图》等；吴道子是盛唐画家，他的画作有“天衣飞扬，满壁风动”的神采，主要作品有《天王送子图》《八十七神仙卷》《十指钟馗图》《维摩诘像》等，后世称他为“画圣”。

（3）书法艺术。

唐朝的书法艺术汇合了南朝的秀美和北朝的雄健，创造出新风格。著名的书法家有隋入唐的欧阳询等，主要受王羲之的影响。唐太宗最赏识王羲之的字，王羲之书法艺术宗师地位是在唐朝确立的。盛唐书法家颜真卿创立了气势雄浑的“颜体”，代表作有《颜氏家庙碑》。中晚唐之际的柳公权创立了“柳体”，柳与颜齐名，人称“颜柳”，代表作有《神策军碑》。唐朝的草书大家有草圣张旭和怀素等。

（4）音乐和舞蹈。

隋唐时期的音乐吸收了西域各族和周边各国的乐舞，加以创新，呈现出气势恢宏、风格多样、铿锵热烈的盛世特色。乐器也更加多样化，除汉族乐器外，还引入了羯鼓、答腊鼓、箜篌、腰鼓、琵琶、筚篥、五弦等少数民族和外国乐器。出现了一批音乐家，如万宝常、郑译、李隆基、李龟年等。

隋唐时期的舞蹈也得到了高度发展，宫廷的各种乐舞机构集中了大批各民族的民间艺人，使唐代舞蹈、音乐成为吸收异族文化精华的载体。舞蹈渗透于社会的各阶层，上至宫廷，下至庶民百姓，在节庆和宴饮中，乐舞表演都不可或缺。著名的宫廷燕乐舞蹈《秦王破阵乐》，以精湛的技艺和宏大的规模著称于世。

李隆基的《霓裳羽衣曲》是音乐、舞蹈、诗歌三者相结合的多段歌舞曲，被誉为唐代音乐的巅峰之作。

趣味小知识：文旅演艺——《霓裳羽衣曲》

唐代乐舞繁荣发展，《霓裳羽衣曲》是举世闻名的传奇之作，在西安大唐不夜城街区，以《霓裳羽衣曲》为主题创作的文旅演艺作品，重现了杨贵妃的华丽身姿，以及空灵悠扬的曲调，《霓裳羽衣曲》的诞生与丝绸之路上的文化交流密切相关，其失传与安史之乱有关。这些文化和历史背景使其成为不可超越的经典。

通过再创作，这部作品为游客提供了一个了解唐代历史的窗口。

项目五 社会现象

一、儒释道“三教合一”及佛教的中国化

隋朝的时候，儒、佛、道“三教合归儒”，即“三教合一”，以儒学为主，调和并吸收佛教、道教的理论。唐朝统治者奉行三教并行的政策，尊道、礼佛、崇儒。唐朝皇帝奉老子为祖先，玄宗尤为重道，其时道教极盛。武则天时，佛教备受宠遇，广建庙宇，塑造大佛，佛教得以迅速传播。

隋唐时期，汉传佛教进入鼎盛时期，形成了天台宗、净土宗、禅宗等独具特色的中国汉传佛教宗派，并传播到朝鲜、日本、越南等地。过去中国佛教出现许多派别，现在流行的主要有八宗：三论宗（法性宗）、瑜伽宗（法相宗）、天台宗、贤首宗（又名华严宗）、禅宗、净土宗、律宗、密宗（真言宗）。即性、相、台、贤、禅、净、律、密八大宗派。其中，禅宗和净土宗是中国流传最广的宗派。

唐初，伊斯兰教从回纥传入内地。信奉伊斯兰教的大食人，在唐朝时期来到广州、扬州经商的很多，唐太宗允许他们在聚居地建清真寺并传教。广州城内的怀圣寺便是唐代聚居在广州的大食商人捐资修建的，这也是中国境内的第一座清真寺。

二、天下国家，盛唐气象

历史学家、中华炎黄文化研究会副会长葛承雍先生在《大唐之国——1400年的记忆遗产》中，梳理了唐代思想、文化、经济等方面的“天下国家，盛唐气

象”格局。唐朝以强盛的综合国力建立了皇帝与“可汗”的双重宗主地位，有强大的威慑力和文明魅力，吸引各国首领友好往来，具有史书中记载“天下国家”的世界性。唐太宗曾宣称“自古皆贵中华，贱夷狄，朕独爱之如一，故其种落皆依朕如父母”。他宣扬“四海一家”“混一戎夏”，打破了传统的“华夷分界”偏见。这是唐朝成为一个大国巨强的再生动力。

唐代的长安城在当时是国际大都市，住在长安的外国人共有九种。第一种人是昭武九姓；第二种是波斯胡人；第三种是大食人；第四种是突厥人；第五种是吐蕃人；第六种是昆仑奴；即来自非洲的黑人；第七种是日本人与新罗人；第八种是回鹘人；第九种是各国的质子。这九种外国人中，以回鹘人数最多，其次是来自中东的波斯人与阿拉伯人。

作为当时的“超级大国”，唐朝非常注重中外交流。新罗使节到唐长安89次，阿拉伯大食使节进入长安41次，林邑24次，日本遣唐使14次，真腊11次，狮子国（斯里兰卡）3次。还有许多记录次数不详的，如高丽、印度、尼泊尔、阿富汗、中东、北非诸国等，唐政府也频繁派出使臣出访。

唐政府对外国人移居唐给予了专门政策，如免去十年赋税，吸引了大量外国移民；唐朝还起用外族和外国人入仕任官；按唐法律，外国侨民在法律地位上与汉人平等。唐朝对外商持优惠政策，有时甚至给予特殊照顾，鼓励交易。每年冬季都要给“蕃客”供应三个月的柴取暖，胡商“安居不欲归”，唐朝还鼓励异族联姻。

文化开放互融。西域与外国文化在唐长安长期流行，成为时尚。舞乐最为突出，宫廷十部乐中，除燕乐、清乐之外，龟兹、西凉、天竺、安国、疏勒、高昌、康国、高丽均为外来乐曲。竖箜篌、琵琶、都昙鼓等乐器来自波斯、印度等国。唐人穿戴外国异族服饰，成为当时的流行风尚。唐朝经济的强大，文化的繁荣，吸引了一批批外国学子跨越山海到中国留学。

趣味知识：昭武九姓——大唐丝路中间商

昭武九姓，是中国南北朝、隋、唐时期对西域河中地区的粟特民族和国家及其来华后裔的统称。据《新唐书·西域传》记载，昭武九姓的祖先最初居住在祁连山北麓的“昭武城”（今甘肃张掖一带），是月氏人的一支。后来因受匈奴压迫，西迁至中亚河中地区（阿姆河与锡尔河之间），分裂为多个城邦国家。为纪念故土，他们的王族均以“昭武”为氏，以示“不忘本”，因此，统称“昭武九姓”。昭武九姓主要包括康、安、曹、石、米、何、火寻、戊地、史九个国家或姓氏。

粟特人是一个特殊的商业民族。对于商贾之道非常重视，正是在这样的商业精神感召下，从北朝到隋唐，粟特人几乎垄断了欧亚大陆的贸易。昭武九姓人在丝绸之路的贸易中扮演了重要的角色。在唐代，昭武九姓人不仅在经济上有所贡献，还在政治上有所作为。一些人担任过唐朝的军政职务，为唐朝的边疆稳定和发展做出了贡献。

项目六 文化旅游资源

一、世界文化遗产

乐山大佛

乐山大佛位于四川省乐山市南岷江东岸凌云寺侧，濒大渡河、青衣江和岷江三江汇流处。乐山大佛开凿于唐开元元年（713 年），佛像建造的发起人是海通禅师，海通在凌云山结茅修行，他看到三江水肆虐，常发生船毁人亡的悲剧，于是立志开凿大佛，欲仰仗佛法，减杀水势，永镇风涛。于是，海通遍行大江南北、两湖淮海等地，筹集人力财力。当时，弥勒佛像作为武周时期广泛流传的佛像代表，成为海通造像的首选。当大佛的头、胸粗具雏形，海通圆寂了，大佛工程停工，后因各种原因，时停时建，最终在唐贞元十九年（803年）全部完工。

大佛为弥勒佛坐像，通高71米，是中国最大的一尊摩崖石刻造像，也是世界上现存最大的石刻弥勒佛坐像。大佛头与山齐，头高14.7米、宽10米，发髻1051个，耳长7米，依山凿成，临江而坐，神态肃穆，大气磅礴。其面容慈祥，神态安详，衣纹流畅，展现了唐代雕塑艺术的巅峰成就。

乐山大佛的建造历时近一个世纪，是唐代佛教文化兴盛的见证，它不仅反映了当时高超的雕刻技艺，还体现了古代劳动人民的智慧和毅力，乐山大佛于1996年被联合国教科文组织列入《世界遗产名录》。

二、非物质文化遗产——中秋节

中秋节可以追溯到更早的时期，在隋唐时期逐渐定型并广泛传播。在唐代，中秋、八月十五已经成为特殊名称，并专指八月十五日这一天，这天赏月活动盛行。据《全唐诗》统计，咏中秋的诗有111首，出自65位诗人之手。赏月不限于文人墨客，还普及于普通民众中，成为中秋节的重要习俗。赏月时，往往伴有饮酒宴会，中秋节还融入了许多神话传说，如嫦娥奔月、吴刚伐桂、玉兔捣药等，这些传说丰富了中秋节的文化内涵，使其更具神秘色彩和浪漫气息。

隋唐时期的中秋节为后世的中秋文化奠定了基础。赏月、饮酒、团圆等习俗一直延续至今，成为中华民族传统文化的重要组成部分。

三、历史文化名城

隋唐两朝，长安和洛阳是商业繁荣的大都会；长江流域的扬州、成都也成了工商业繁荣的城市。

1. 长安

唐代长安的地理空间，在地方行政上被分隔成109里坊。而长安的人口从初唐起，直到中唐始终不低于 100 万。唐代京官的人数，大约到唐太宗贞观末年（649 年），已经超过 18000 人。

隋唐长安城，是汉长安城的 2.4 倍。作为隋唐两朝的首都，是当时的政治中心，隋唐长安城由宇文恺规划设计，宇文恺是中国历史上少见的工程方面的大师，至今西安仍留有他设计的痕迹。大量官员和文人汇聚于此，为城市带来了更多的人口流动和经济活力。商业活动频繁，市场繁荣，为城市居民提供了更多就业机会。

长安是隋唐时期的文化艺术中心，吸引了众多文学家、诗人、艺术家等在此创作。李白、杜甫、王维等著名诗人在此留下了大量脍炙人口的诗篇。同时，壁画艺术和雕塑艺术也达到了巅峰。唐朝的长安聚集了许多国家和地区的使者、商人、侨民，成为当时的国际大都会。

西安市的旅游名片是秦始皇兵马俑博物馆、西安城墙、大雁塔、大唐芙蓉园、华清宫等。

2. 洛阳

洛阳地处中原腹地，横跨黄河中下游南北两岸。南临伊阙，北靠邙山，东跨瀍河，洛水横贯其中，具有得天独厚的地理优势，这一位置使得洛阳成为连接东西、贯通南北的重要交通枢纽。

洛阳因地处洛水之阳而得名，是华夏文明的重要发祥地之一。历史上，先后有 13 个王朝在此建都，包括夏、商、西周、东周、东汉、曹魏、西晋、北魏、隋、唐等，是中国建都最早、历时最长、朝代最多的城市，洛阳拥有 4000 多年的城市史和 1500 多年的建都史。

隋唐时期，洛阳作为南粮北运的重要节点，商业发达，经济繁荣。洛阳城内设有东市、南市、西市等市场，商品种类繁多，交易活跃。此外，洛阳还是丝绸之路的东方起点和隋唐大运河的中心，吸引了大量国内外商人汇聚于此。洛阳是隋唐帝国在关东地区最重要的政治、经济、文化和宗教信仰中心，创造了辉煌的文明。

今天的洛阳依然保留着许多隋唐时期的遗迹和文化遗产，如隋唐洛阳城遗址、龙门石窟、白马寺、洛邑古城、关林、二里头遗址等。今天洛阳的文旅品牌影响力不断提升，越来越多的游客选择到洛阳旅游观光、体验文化。2023年上映的《寻迹洛神赋》，是以河洛历史文化为蓝本的数字行浸演艺，通过科技展现了洛阳的美好与繁华。

3. 扬州

扬州位于隋唐大运河和长江的汇合处，是南北交通要冲，又是外贸的重要商埠。隋炀帝时，开凿大运河连接黄河、淮河、长江，扬州成为水运枢纽。大运河不仅便利交通、灌溉，而且对促进黄河、淮河、长江三大流域经济、文化的发展和交流起到了重要作用，奠定了唐代扬州空前繁荣的基础。

唐代扬州农业、商业和手工业相当发达，出现了大量的工场和手工作坊，不仅富甲江淮，而且是中国东南第一大都会，是南北粮草、盐、钱、铁的运输中心和海内外交通的重要港口，时有“扬一益二”之称。唐朝后期，经济中心南移，扬州经济地位超过长安、洛阳，有“天下之盛，扬为首”的说法。

唐代扬州和大食交往频繁，侨居扬州的大食人数以千计。侨居扬州的客商主要来自波斯、大食、新罗、日本等国。日本遣唐使到扬州和高僧鉴真东渡日本促进了中日两国的政治、经济、科学和文化交流。明清两代，江南物资主要通过大运河运往北京，扬州漕运枢纽的地位更加显著，扬州靠近两淮盐场，成为盐业集散地。

这座历史文化悠久的城市，以其独特的自然风光和丰富的人文景观吸引了无数游客。知名景点有：瘦西湖、个园、何园、中国大运河博物馆、大明寺等。

4. 益州

益州（今成都），地处四川盆地西部边缘、青藏高原东缘，成都平原腹地。成都是古蜀文明的发祥地。两汉时期，成都“列备五都”，是仅次于长安的全国第二大商业都会。从两汉至三国蜀汉，蜀锦一直备受欢迎，成都因出现专门织造蜀锦的官营作坊“锦官城”，而获得“锦官城”和“锦城”的别称。唐代，以成都为中心的“剑南西川道”是全国最富庶的地区之一，当时有“扬一益二”之说。后蜀主孟昶下令在成都城上遍植芙蓉，成都故有“蓉城”的别称。

益州地区气候温和，雨量充沛，适宜农作物的生长。都江堰的修建，极大地改善了益州的灌溉条件，使该地区成为“天府之国”，农业发达，物产丰富。益州是唐朝重要的经济作物产地，如茶叶、麻类等。此外，益州的造纸业也颇为发达，所产麻纸质量上乘，深受市场欢迎。

作为西南地区的重要商业中心，益州与周边及中原地区的贸易频繁。其丰富的物产和便捷的交通吸引了众多商贾前来贸易，促进了当地经济的繁荣。如今，成都的旅游业持续蓬勃发展，展现出强大的吸引力。成都的旅游名片有：成都大熊猫繁育研究基地、宽窄巷子、锦里古街、杜甫草堂、武侯祠等。

四、知名景点

1. 赵州桥

赵州桥位于河北赵县城南的洨河之上，始建于隋开皇十八年至大业年间（598—618 年），由著名匠师李春设计建造。其首创的“敞肩拱”结构形式，不仅较平桥坚固，而且更利于排水，是世界上现存最早、单孔跨度最大、保存最完整的单孔敞肩式石拱桥，被称为“天下第一桥”。

赵州桥不仅具有高度的科学价值、历史价值，而且造型优美，石雕艺术精湛。桥身上的雕饰主要集中在中间部分的栏板和望柱上，雕刻工艺精美，风格古朴典雅。赵州桥每侧中间有 5 块雕龙的栏板，6 根蟠龙竹节望柱，都是双面高浮雕，每侧有 28 条龙，两侧共计 56 条龙，再加上主拱券顶部东西两侧各有一个“蚣蝮”，总计 58 条龙，形成一个气势恢宏的群龙阵图。

赵州桥以悠久的历史、独特的设计闻名中外，1991 年，被美国土木工程师学会认定为世界第十二处“国际土木工程历史古迹”，这也是中国唯一入选的土木工程建筑。2023 年 11 月，赵州桥景区免费向公众开放，凭借其丰富的历史底蕴和深厚的人文内涵，吸引了众多游客前来参观游览，为当地旅游业聚拢了人气。

2. 大雁塔

大雁塔位于陕西省西安市南的大慈恩寺内，又名“慈恩寺塔”。始建于唐永徽三年（652 年），玄奘为保存由天竺带回长安的经卷、佛像和舍利主持修建了大雁塔，最初五层，后加盖至九层，再后来层数和高度又有数次变更，最后固定为今天的七层塔身，通高 64.517 米，底层边长 25.5 米。

大雁塔作为现存最早、规模最大的唐代四方楼阁式砖塔，是佛塔这种古印度佛寺的建筑形式随佛教传入中原地区，并融入华夏文化的典型物证。

1961 年，大雁塔入选第一批全国重点文物保护单位。2011 年，西安市大雁塔—大唐芙蓉园景区被评为国家 5A 级旅游景区。2014 年，在第 38 届世界遗产委员会会议上，大雁塔作为中国、哈萨克斯坦和吉尔吉斯斯坦三国联合申遗的“丝绸之路：长安—天山廊道的路网”中的一处遗址点成功列入《世界遗产名录》。

如今的大雁塔不仅是承载历史印记的地标性建筑，更是备受中外游客喜爱的景区之一。每年农历八月十五，大雁塔会举办中秋庙会，有丰富多彩的文艺表演和民俗活动。

3. 江南三大名楼

江南三大名楼分别是湖南岳阳的岳阳楼、湖北武汉的黄鹤楼、江西南昌的滕王阁。

（1）滕王阁。

滕王阁位于江西南昌，坐落于赣江与抚河故道交汇处，依城临江。滕王阁始建于唐永徽四年（653 年），后来重建达 29 次，滕王阁是唐高祖李渊之子李元婴任洪州都督时创建的。因李元婴在贞观年间曾被封为滕王，故阁以“滕王”一名冠之。

一首《滕王阁序》而让滕王阁名扬天下，王勃的《滕王阁序》，脍炙人口，传诵千秋。文以阁名，阁以文传，历千载沧桑而经久不衰。现在的滕王阁是仿宋的建筑风格。唐宋本是一脉相承的，宋代建筑风格是唐代建筑风格的继承与发展。宋代的楼阁建筑风格极窈窕多姿，建筑艺术造型达到了极高的成就。

如今的滕王阁，不仅给古城南昌增色添辉，更是豫章古文明的象征，以其特有的魅力，吸引着中外游人。

（2）岳阳楼。

岳阳楼位于岳阳市古城西门城墙之上，下瞰洞庭，前望君山，气势雄伟，自古有“洞庭天下水，岳阳天下楼”之美誉。

岳阳楼始建于东汉（215 年），最初为东吴大将鲁肃的“阅军楼”。西晋南北朝时称“巴陵城楼”，唐朝时始称岳阳楼，中唐时期，诗仙李白赋诗后定名“岳阳楼”。岳阳楼屡遭损毁又多次重修，次数达 30 余次。现存建筑沿袭清光绪六年（1880 年）重建时的格局。

历代诗家如张九龄、孟浩然、李白、贾至、杜甫、韩愈、白居易等都曾登临吟咏，留下了众多名篇佳作，为岳阳楼积淀了深厚的文化底蕴。宋庆历五年（1045 年）滕子京重修岳阳楼，请范仲淹作《岳阳楼记》。因其忧国忧民的政治象征而流传千古、名扬天下。

如今的岳阳楼，景区内绿荫修竹，环境幽雅，文化气氛浓郁，是游客喜欢游览的绝佳之地。

（3）黄鹤楼。

黄鹤楼位于武汉长江南岸，蛇山西端的黄鹄矶头，面临长江，背倚青山。蛇山古称黄鹄山或黄鹤山，故黄鹤楼一名或因此而得。黄鹤楼始建于三国时期（223 年），为军事防御所建，历经多次毁坏与重建。现存建筑以清代“同治楼”为原型设计，于 1985 年重建。黄鹤楼因唐代诗人崔颢的《黄鹤楼》一诗而名扬四海，自古享有“天下绝景”之美誉。黄鹤楼以悠久的历史、深厚的文化底蕴，赢得了“天下江山第一楼”的美名。

黄鹤楼是集历史、文化、艺术于一体的综合性景区，是武汉市乃至全国的重要景点之一。游客游览黄鹤楼时，除了欣赏建筑风貌和装饰艺术外，还可以感受其深厚的文化底蕴。《夜上黄鹤楼》等夜间项目为游客提供了丰富的游览体验。

4. 华清池

华清池位于陕西省西安市临潼区骊山北麓的唐华清宫遗址之上，是一座皇家宫苑，距西安30公里，南依骊山，北面渭水。

华清池的历史可追溯到周幽王时期，周幽王在此建造了骊宫，是周天子的游幸之地。随着历代帝王的修建，华清池逐渐发展成为皇家园林。唐太宗贞观十八年（644年），汤泉宫在此建成，后更名为华清宫。因其温泉资源、唐明皇与杨贵妃的爱情故事、西安事变发生地以及丰厚的人文历史资源，成为中国著名的文化景区，1982年被列为全国重点文物保护单位，国家5A级旅游景区。2015年，与“骊山”两大景区合并升级为“华清宫”。

华清池融人文历史和自然景观于一体，周、秦、汉、隋、唐等历代帝王在此修建了离宫别苑。景区仿唐建筑大气恢宏，园林风光别具一格。2007年推出的大型实景历史舞剧《长恨歌》，成为中国旅游文化创意产业的成功典范。2012年推出的多媒体影像剧《玄境长生殿》，成为传统博物馆数字化改造的新模式。

课后作业

一、简答题

1. 介绍玄奘取经的路线及影响。

2. 介绍安史之乱的过程及影响。

3. 介绍唐诗中的田园诗、边塞诗代表诗人及代表作品。

4. 唐朝时期，少数民族崛起了哪些政权，这些政权与大唐发生了哪些互动？

5. 介绍隋唐时期的对外交流情况。

二、设计题

1. 贞观十五年（641 年）正月十五日，文成公主从长安出发，历时一年多，终于到达拉萨，文成公主所走的道路即为唐蕃古道，古道沿线数量众多的旅游点不仅是观光的好去处，更是了解古代历史文化和民族关系的窗口。请搜索相关资料，查询文成公主所走路线，画出文成公主进藏路线图。

2. 如果穿越到唐代长安，你会选择以胡商、官员、遣唐使还是诗人的身份体验城市生活？说明理由，并描述你一天的行程。

第五章 辽宋夏金元历史与文化旅游资源

本章导读

辽宋夏金元是继三国两晋南北朝之后又一个北方少数民族活跃时期，分为三个阶段，北宋与辽、西夏的对峙，南宋与金、西夏的并立，元朝的统一。宋朝强化中央集权，内部统治比较稳定，社会经济高度发展，文化也有突出成就，但军事力量较弱。这个时期，虽然战争频繁，但是各民族间经济、文化联系密切，各民族进一步融合。元朝结束了多民族政权并立的局面，成为中国历史上第一个由北方少数民族建立的统一王朝，这一时期中国的经济、文化成就在世界上仍处于领先地位。

学习目标

» 认识两宋王朝在政治、经济、文化等社会方面的新变化；

» 了解辽、夏、金、元诸政权的建立发展和相关制度建设；

» 能分析两宋与辽、夏、金、元的互动的过程与结果；

» 能分析理学兴起的社会背景及意义；

» 能赏析辽宋夏金元时期优秀的文化旅游资源，并能进行相应的产品设计。

项目一 朝代脉络介绍

960年，赵匡胤夺取后周政权建国，国号宋，史称北宋。916年，契丹首领耶律阿保机称皇帝，建立契丹国。947年，契丹改国号为辽。1038年，党项族首领元昊建国大夏，夏在宋的西北，史称“西夏”。1115年，完颜阿骨打称帝，建立金朝。

金与大宋联合夹击辽，1125年，辽被金所灭。1127年，金俘虏了宋徽宗和宋钦宗，北宋灭亡。1127年，赵构在应天府称帝（今河南商丘），后定都临安（今浙江杭州），史称“南宋”。

1206年，铁木真被蒙古贵族和军事首领推举为蒙古大汗，被尊称“成吉思汗”，蒙古汗国建立。1227年，蒙古大军攻灭西夏。1234年，蒙古灭金，后来又招降吐蕃，征服了云南大理。1260年，成吉思汗的孙子忽必烈继承蒙古大汗，1271年，改国号为大元。1276年，元军攻破临安，南宋灭亡。元朝统治后期，爆发了大规模的农民起义，1368年，朱元璋攻占了元大都，元朝灭亡，元顺帝北逃继续统治漠北。

项目二 地理概念及关键历史事件

一、地理概念

燕云十六州，也称幽云十六州，是以幽州（北京）和云州（大同）为中心的十六个州，即今北京、天津北部（海河以北），以及河北北部、山西北部地区。这一地区地势险要，扼守燕山和太行山，易守难攻，历来是兵家必争之地。秦汉时期的长城就在此修筑，以抵御北方少数民族。

936年，后晋开国皇帝石敬瑭（后唐河东节度使）为了反唐自立，向契丹求援，并在称帝后（938年），将燕云十六州割让给契丹，使得辽国的疆域扩展到长城沿线。燕云十六州是大宋的一块心病，北宋王朝一直试图收复燕云十六州，但多次北伐均以失败告终，对北宋的政局产生深远影响。

趣味小知识：儿皇帝石敬瑭

五代十国时期，后唐末帝即位后，石敬瑭作为手握重兵的将领，受到皇帝李从珂的猜忌。为了自保并夺取皇位，石敬瑭决定寻求外部势力的支持。契丹当时是北方强大的游牧政权，为了获得契丹的支持，石敬瑭向其称臣并割让领土，认比自己小十几岁的契丹首领耶律德光为父亲，这一行为在当时虽然不罕见（少数民族中更为普遍），但在中原文化中却被视为极大的屈辱。而且，他还割让燕云十六州给契丹。这一行为使中原地区失去了重要的战略屏障，是导致大宋“积弱”的一个重要原因。

二、关键历史事件

1. 北宋的建立与统一

960 年，赵匡胤在开封东北的陈桥驿发动兵变，手下将士把一件黄袍披在他的身上，拥立他为皇帝，史称“陈桥兵变”。赵匡胤登基后，定都东京（今开封），国号为宋，史称北宋。

北宋建立之后，宋太祖赵匡胤采取“先南后北”“先易后难”的方针，进行了南北统一战争。后蜀、南汉、南唐、北汉相继灭亡，五代十国结束了分裂的局面，除了东北的辽、西北的高昌、西南的吐蕃、大理政权外，南北重归统一。

趣味小故事：杯酒释兵权

太祖和他的侍卫都指挥使石守信等（推荐太祖做皇帝的）饮酒，酒酣，太祖道：“不是你们我也不会有今日地位，但是，天子地位难做得很，倒不及做节度使的快乐，我现在不敢安枕而卧了。”石守信等听了不懂，请问缘故。太祖道：这不难懂，这个位置谁不愿坐！就是你们没有二心，你们的部下又有谁不要富贵！倘使有这么一天，你们的部下把黄袍加在你们身上，你们便是不要做也不成了！石守信听后，惊慌极了，滴泪请太祖指一条生路。

太祖道：“人生如白驹过隙，要富贵，不过是为了多积金钱，使自己可以娱乐，子孙可以吃现成饭罢了。你们何不解去兵权买几处好田宅，替子孙立着产业……君臣之间两无猜疑，岂不是一件很好的事！”他们听了都感谢道：陛下替我们计划得好。大家回去后，就假说疾病，请罢典兵，太祖一一顺从，赏赐他们甚厚，这便是“杯酒释兵权”。

2. 辽的建立及其与北宋的和战

辽的建立者契丹是东胡后裔鲜卑的旁支，在辽河上游过着游牧、渔猎的生活。916年，契丹族首领耶律阿保机建立契丹国，定都上京，阿保机即辽太祖。阿保机的儿子耶律德光时期，契丹从后晋皇帝石敬瑭手中得到燕云十六州，对中原形成严重威胁。947年，契丹改国号为辽。辽采用“藩汉分治”（二元帝国）的政治制度，中央设置北面官、南面官，南院用儒家的方式治理汉人，治理的地方即燕云十六州，北院则以草原的方式治理契丹人。虽然辽没有统一中国，但是这种二元治理技术流传下来，清代吸取了这些经验，建立起了二元帝国的完备形态。

北宋统一南北之后，先后于979年和986年与大辽开战，夺取燕云十六州，结果都以失败告终，从此，宋军由进攻转为防御。杨业父子抗辽的事迹，后演绎为杨家将的故事，至今流传。

北宋停止北伐后，辽开始南下威胁北宋安全。1004年，辽军南征，兵临澶州城（今河南濮阳），宰相寇准力主抵抗，要求宋真宗亲征，战争形势迅速变化，对北宋有利，辽担心不能取胜，以宋朝割让土地为退兵条件，双方几经交涉，于1005年签订和议，史称“澶渊之盟”。规定北宋每年送白银10万两，绢20万匹。辽撤军，双方约为兄弟之国，以白沟为界，宋辽对峙形成，维持了120年的和平。

趣味小知识：杨家将的故事

杨家将的故事以北宋时期为背景，主要围绕杨业、杨延昭、杨文广三代人展开。杨业是北宋著名的军事将领，他骁勇善战，屡立战功，被国人称为“无敌”。杨业有子杨延昭，同样智勇双全，多次击败契丹军队，被契丹人称为“杨六郎”。杨延昭之子杨文广，也是一位杰出的将领，曾在范仲淹麾下任职，战功卓著。

杨家将的故事在民间广为流传，经过历代文艺创作者的加工和演绎，形成了丰富的文学和艺术作品。这些作品以歌颂杨家父子抗辽为主题，塑造了众多忠勇的杨家将形象，也加入了佘太君、穆桂英等虚构的杨门女将，使故事更加饱满。杨家将的故事弘扬了忠君报国的精神，是中华民族传统文化的重要组成部分。

3. 西夏的建立及其与北宋的和战

党项族是羌族的一支，原本居住在青海、甘肃、四川一带。唐中期以来，受吐蕃的逼迫，党项移居宁夏、甘肃和陕西西北地区，过着游牧生活。后来，党项的势力强大起来，1038年，党项族首领元昊建国，史称大夏国，定都兴庆（今宁夏银川）。夏在宋的西北，故称西夏。

西夏建国后，元昊请求北宋给他册封帝号，宋仁宗没有答应，下诏削去元昊的官爵，并擒拿元昊，双方矛盾激化。西夏和北宋不断交兵，经过几次交战，宋军损失惨重，西夏虽获胜，但损失也很大，加之西夏和辽的关系也日益紧张，为避免两面受敌，元昊向宋请和。

1044 年，宋、夏双方订立和议，元昊取消帝号，北宋册封元昊为夏国主。西夏对宋称臣，北宋每年送给西夏白银七万两，绢 15 万匹，茶叶 3 万斤，重开边境贸易。从此，宋夏之间维持了 200 多年的和平。

4. 庆历新政及王安石变法

北宋实施“不抑兼并”政策，加速土地集中的过程。北宋中期，富有者占田无数，纳税土地仅占耕地的 30% 左右，造成政府财政严重困难。为了防治官僚专权，北宋采用“分化事权”的办法，政府机构设置重叠，编制庞大。官僚子弟通过“恩荫”出仕过滥，官员人数直线上升，造成“冗官”。统治者用募兵养兵的办法，缓和农民的反抗，造成兵源剧增，形成“冗兵”现象。扩编后，军队素质低下，临阵多败，造成“积弱”局面。另外，北宋每年还要支付辽和西夏大量的银绢，国家财政入不敷出。宋仁宗时期，社会矛盾激化，各地农民反抗不断发生，威胁着北宋政府的统治。

1043 年，宋仁宗任用范仲淹为参政知事，进行改革。范仲淹在欧阳修等人的支持下，向宋仁宗提出了以整顿吏治为中心的十项改革。此项改革发生在庆历年间，史称“庆历新政”。庆历新政触犯了保守派官僚的利益，遭到他们的极力反对。仅一年左右，范仲淹改革派相继被排挤出朝廷，改革很快被废止。

1068 年，宋神宗继位，希望解决“积贫积弱”的问题。1069 年，任用王安石为参知政事，主持变法。变法涉及农业、商业、军事、科技、教育等领域，基本原则是加强国家对这些领域的管理和控制，达到富国强兵的目的。变法推行十多年，富国方面有成效，强兵效果不明显。北宋与西夏开战，又以北宋失败告终。宋神宗死后，司马光当政，新法被废除。党争日益激烈，北宋走向衰亡。

趣味小知识：王安石变法始终

王安石变法主要包括三个方面。富国方面，主要政策有青苗法和市易法。青苗法是在每年青黄不接时，政府贷款或把谷物给农民，农民收获后加息20%偿还；市易法是设立市易务，以平价收购滞销货物，等到市场短缺时再卖出，这限制了大商人对市场的控制，有利于稳定物价。强兵方面，主要是推行保甲法，将农村住户组织起来，10家为一保，保丁在农闲时练兵，平日种田，维护社会秩序……教育方面，改革科举制度、整顿太学、用人唯才。

历史学家黄仁宇先生评价王安石变法失败的原因是变法具有超前性，与社会现实的差距较大。例如，青苗法通过政府贷款给农民，打击民间高利贷，然而，操作中官员强行摊派贷款，富户不愿意贷款被治罪，贫户因还不上贷款只好卖田卖地。由于宋朝尚处于封建社会，社会经济结构和治理能力无法跟上这种超前性的改革步伐……另外，变法失败还与触动了大地主、大官僚等利益集团的利益遭到反对、政策执行不力、用人不当、保守派的反对有关。

5. 金的崛起及灭辽、北宋进程

金朝的建立者是女真族，女真族居住在黑龙江、松花江流域和长白山一带，过着渔猎生活。1115年，完颜阿骨打称帝，建立金，定都会宁（又称上京，今黑龙江省哈尔滨市阿城区），阿骨打建国之后，国力迅速增强。辽政权统治腐朽，各族人民不断反抗，为反对辽的残酷压迫，女真首领完颜阿骨打举兵抗辽。

1120年，宋徽宗派人出使金国，双方都想借彼此的力量攻辽，于是约定联合攻辽，灭辽后燕云地区归宋。北宋原来给辽的岁币给金，史称“海上之盟”。

金与北宋联合夹击辽，1125年，辽最后一位皇帝天祚帝被金军俘获，辽灭亡。金灭辽之后，看到北宋统治腐朽，防备空虚，于是挥师南下，大举进攻北宋，1127年，金统治者俘获宋徽宗和宋钦宗，北宋灭亡。此事件发生在宋钦宗靖康年间，史称“靖康之变”。

趣味小知识：靖康之变周边

靖康之变又称靖康之难、靖康之耻，是金灭北宋的重大事件。金军攻破开封后，进行了灭绝人性的烧杀抢掠、奸淫妇女儿童，还俘虏了大量皇族人员至金国。被俘的除徽、钦二帝之外，还有大量赵氏皇族、后宫妃嫔与贵卿、朝臣等共三千余人，这些人在金受到了极大的羞辱，是汉家千年不堪回首的梦魇。与靖康之耻相关的事件被先后搬上荧幕，如金庸先生的《射雕英雄传》、张艺谋导演的电影《满江红》等，可见该事件的社会影响之大。

6. 金与南宋的对峙

1127年，宋徽宗的儿子赵构在应天府（河南商丘）称帝，随后定都临安，史称南宋，赵构就是宋高宗。1140年，金军以兀术为统帅，大举攻宋。岳飞率领岳家军迎敌，把金军打得大败，收复郑州、洛阳等许多要地，截断了金军的运输线。金受到致命打击，准备撤退。宋高宗和宰相秦桧害怕岳家军取胜对他们统治不利，更害怕抗金力量在斗争中强大起来，威胁他们的统治，合谋向金求和，命令岳飞班师回朝，1142年，他们以“莫须有”的罪名杀害了岳飞。

1141年，南宋与金订立和议。宋高宗的年号为绍兴，史称“绍兴和议”。和议规定：东起淮水，西至大散关以北的土地为金国。南宋向金称臣，每年给金25万两白银，绢25万匹。绍兴和议的订立，使南宋和金对峙的局面确定下来。之后，宋金又发生过几次战争，南宋地位略有提升，不再向金称臣，而称为“侄国”，尊称金朝皇帝为叔父或伯父。

1153 年，金迁都燕京，将燕京改名为中都，这是北京成为王朝都城的开始。

趣味小知识：岳飞之死

岳飞（1103—1142 年），字鹏举，今河南省汤阴县人，南宋抗金名将、军事家、民族英雄，南宋中兴四将之一。他一生致力于抗金，收复失地。岳飞在抗金战争中屡建奇功，其声望和威望超过了宋高宗赵构，这引起了赵构的不安。于是，在赵构的授意下，岳飞遭秦桧、张俊等人的诬陷被捕入狱，在秦桧等人的操纵下，岳飞被以“莫须有”的罪名杀害于临安大理寺狱中，年仅 39 岁。宋孝宗时岳飞冤狱被平反，岳飞改葬于西湖畔栖霞岭，追谥“武穆”。

岳飞的《满江红》，是一首充满爱国激情和壮志豪情的词作。词中名句“怒发冲冠，凭栏处、潇潇雨歇”“三十功名尘与土，八千里路云和月”“壮志饥餐胡虏肉，笑谈渴饮匈奴血”，体现了岳飞的英勇和决心。岳飞“精忠报国”的精神成了中华民族精神的一部分。

杭州名小吃“葱包桧”的由来与民族英雄岳飞和奸臣秦桧有关。位于杭州西湖栖霞岭南麓的岳王庙，成了无数中国人瞻仰和祭拜岳飞的重要旅游景点。

7. 蒙古的崛起、扩张和元朝的建立

蒙古族是我国北方的古老民族，在唐朝时称蒙兀室韦，居于额尔古纳河一带，后来逐渐向西发展至蒙古高原，10—12 世纪，蒙古高原处在辽和金的统治之下。12 世纪中后期，蒙古族各部战争不断，乞颜部的铁木真经过十多年的战争打败周围各部落，统一了蒙古草原。1206 年，铁木真在斡难河源（今

蒙古）召开大会，被蒙古贵族推选为大汗，尊称“成吉思汗”，蒙古汗国建立。

蒙古汗国建立后，成吉思汗发动了对周围地区的常年征战，蒙古军队向西一直打到中亚、俄罗斯，向南到达印度河流域。在此基础上，成吉思汗分封诸子，形成钦察汗国、察合台汗国、窝阔台汗国、伊利汗国四大汗国。成吉思汗还向南进攻西夏和金。1227 年，蒙古大军攻灭西夏。灭西夏前夕，66 岁的成吉思汗病逝。

1234 年，蒙古灭金，后又招降吐蕃，征服云南大理。1260 年，成吉思汗的孙子忽必烈，在开平（今锡林郭勒）继承蒙古大汗位，开平后为元上都。1271 年，他改国号为“大元”。1272 年定都燕京（今北京），燕京改为大都。忽必烈就是元世祖，四大汗国独自发展，在名义上仍将元朝尊为宗主国。

其后，元军继续进攻南宋。1276 年，元军攻破临安，南宋灭亡。1279 年，元军追击南宋幼帝，陆秀夫背负幼帝在广东崖山投海而死，元朝完成了对全国的统一。

今天的新疆、西藏、云南、台湾及南海诸岛、东北广大地区，都在元朝的管辖之下，元朝的版图超过了汉唐。

8. 凉州会盟

1240 年开始，蒙古王子西凉王阔端开始派兵攻打雪域高原，但雪域高原僧俗势力割据，环境极其恶劣，交通不便，资源匮乏，打下来难度过大。打了一段时间后，领兵大将向阔端提建议，不如跟藏传佛教的领袖谈判，让他们自愿归顺。于是，阔端发出了带有威胁性质的邀请，萨迦派的领袖萨迦班智达就肩负重任，代表整个雪域高原来到凉州（今甘肃武威）与阔端会谈，史称“凉州会盟”。

1247 年，阔端与萨迦班智达在凉州会谈，会谈的结果是雪域高原全部接受了蒙古帝国的统治，阔端拜萨迦班智达为师，接受了藏传佛教，认可萨迦派在佛教各教派中的领先地位。蒙古人借着凉州会盟，得以借道雪域高原南下，征服大理，对南宋形成战略大包围，为后来一统天下做好了准备。

趣味小知识：凉州会盟地：白塔寺

白塔寺，又名百塔寺，位于武威市城东南20公里的武南镇百塔村，现为国家4A级旅游景区。1247年，西藏萨迦派宗教领袖萨迦班智达与蒙古汗国皇子、西路军统帅阔端在白塔寺进行“凉州会谈”，并颁发《萨迦班智达致蕃人书》，因此，这里是西藏正式纳入中国版图的历史见证地。1251年，萨迦班智达在白塔寺圆寂，阔端为他修建了高约42.7米的藏式喇嘛灵骨塔，周围环绕着高低不等的白塔99座，白塔寺也因此被称为百塔寺。其主要景点有塔林、白塔寺遗址、萨班灵骨塔、凉州会谈纪念馆等，这些景点展示了白塔寺的历史和文化价值，也是游客了解和感受藏传佛教文化的重要场所。

9. 元朝的覆亡

为了维护蒙古贵族的特权，元朝统治者在很多方面对不同民族实行差别对待政策，被后人概括为“四等人制”，依次为蒙古人、色目人、汉人和南人。这样的一个阶层序列，与被征服的先后次序密切相关。色目人包括原西夏人和维吾尔人、回族人和西域人等，汉人包括原金统治区的汉人、契丹人、女真人等，南人指原南宋统治区（元朝江浙、江西、湖广三行省）的汉族和其他民族。四等人在法律、赋役和任职方面实行差别对待。这对元和元以后中国政治的发展，有很大的消极影响。

元朝中后期，统治日益腐败，百姓徭役沉重，随着时间的推移，民族矛盾逐渐减弱，但是社会贫富差距带来的阶级矛盾日益加剧，最终导致农民起义，1351年，刘福通领导农民3000余人在颍州起义，他们头包红巾，称“红巾军”。之后，各地农民起义纷纷响应，1367年，朱元璋发布讨元文告，派兵北伐，

1368 年，起义军攻占元大都，元灭亡。元顺帝北逃，继续统治漠北地区。大批留居内地的蒙古人，以及回族以外的色目人逐渐与汉族融合。

10. 西辽和北元

1124 年，即辽灭亡的前一年，辽的宗室耶律大石率部西迁，先逃至漠北，整顿军马又西征，征服了整个大中亚地区，在七河之地巴拉沙衮（今吉尔吉斯斯坦）建都，改称虎思斡耳朵，势力在今天的伊犁河西。占据新疆及其邻近地区，史称西辽，西辽后来又存在了 87 年，它将契丹和汉族的文化、辽朝的制度带到中亚西辽统治时期，中亚地区的经济文化得到了很大的发展。西辽是中亚历史上的一个重要朝代，在中亚地区产生了重要影响。

1368 年，元顺帝北逃，继续统治漠北地区，建立了与明朝对峙的政权，史称“北元”。北元政权在后期分裂为“鞑靼”与“瓦剌”两部，彼此攻伐不断，除了内部的征伐之外，北元政权与明朝之间进行了长期的军事对抗，1634 年，林丹汗病逝，其子投降后金，北元宣告灭亡。

项目三 内外交往

（一）民族交流

辽宋夏金元时期，中国大地上政权林立，前期有辽、北宋、西夏对峙，后期有南宋、金、西夏并立，周边还有回鹘、西辽、吐蕃、大理等政权。各民族政权之间既有战争又有议和，但“和”是主流，内迁的少数民族与汉族逐渐融合，形成新的民族，边疆少数民族封建化进程加速，如契丹、女真等向封建社会过渡。契丹人、女真人进入中原后，与汉族长期共同生活，逐渐融合；同时，汉族人移居边境地区，学习少数民族的游牧经验。

同时，辽宋夏金元时期也是多民族政权并立到少数民族完成国家统一的时期，民族矛盾尖锐，但民族融合是主流，各民族间经济文化交流频繁，如边境上的“榷场”贸易等。这种多政权并存的局面为各民族之间的交流与融合提供了空间和舞台。

（二）对外交往

宋元时期的海外贸易非常活跃。与亚非等地的许多国家和地区都有贸易往来，规模超过前代。北宋政府在广州设置市舶司，负责管理对外事务和贸易，征收商税，外贸税收成为国库的重要来源。中国的丝织品、瓷器和茶叶远销海外，输入的商品以香料、珠宝为主，泉州成为当时世界上最大的国际贸易港。

高丽、日本是宋元时期与中国交往最密切的国家。南宋从明州（今浙江宁波）进口的高丽货物有40种；日本来南宋的商船，每年多达四五十艘。元朝时，高丽的人参等土特产深受我国内地欢迎，辽、金与高丽通过使节贸易保持经济联系，并在边境设置榷场，互通有无。

日本、波斯、大食等国也同辽、金有着贸易关系。元朝的时候，中国同欧洲、非洲也有交往。意大利旅行家马可·波罗在元世祖（忽必烈）时来到大都。元朝的畏兀儿族列班·扫马前往西亚和欧洲，是我国第一位访问欧洲国家的旅行家。

趣味小知识：马可·波罗及《马可·波罗游记》

马可·波罗是意大利威尼斯的商人及旅行家。1271年，年仅17岁的马可·波罗跟随父亲和叔父，从威尼斯出发，经过黑海和波斯，历时4年多，于1275年抵达元上都（今内蒙古正蓝旗）。在中国，他们受到了元世祖忽必烈的接见，并在中国居住了约17年之久，其间游遍了中国各地，深入了解了不同的风土人情。

1298年，马可·波罗在威尼斯和热那亚间的海战中被俘，关押在热那亚监狱。在狱中，他向同狱的鲁斯蒂谦口述了他在东方的探险经历，由后者笔录并整理成《马可·波罗游记》（又名《东方见闻录》）。游记记录了元大都的繁华，称元大都（今北京）“世界莫能与比”。

该书是当时欧洲人所著最详细的亚洲旅行记录，极大地拓宽了欧洲人的视野，激发了他们对东方的向往和探险热潮。

项目四 社会经济与文化

一、社会经济

1. 农业的繁荣

两宋时期，农业技术有了进步，犁不断改进，提高了生产效率；农民在山坡上开垦梯田，在江畔、湖边垦地，耕地面积大大增加，粮食产量也明显提高。南北农作物有了更多的交流，粟、麦、豆在江南种植，江北也广种水稻；棉花获得广泛种植，元统一以后，棉花种植在南方已经相当普遍。

一年两熟的稻麦复种制在南方已经相当普及，有些地方还可以一年三熟，土地利用率大大提高。南宋，江浙已成为主要的稻米产区，社会上流传“苏湖熟，天下足”的谚语。全国的经济重心由北方转移到南方。

元朝时，元世祖对于农业十分重视，颁布《农桑辑要》一书，指导农业生产。这一时期，云南等边疆地区大兴屯田，许多荒地被开垦。棉花种植在元朝得到大力推广，南方种棉逐渐普遍，带动了纺织业的发展，北方畜牧业也空前发展。

2. 手工业的发展

宋元时期的手工业突出体现在造船业、纺织业、制瓷业和矿冶业中。

宋朝造船技术在当时在世界上处于领先地位，明州、泉州和广州成为造船中心。

北宋丝织业在两浙和四川地区发展迅速。丝织品种类繁多，花色丰富。辽国的丝织业也有较大发展。南宋的棉纺织业中，出现了纺车、弹弓、织机等工具，棉布逐渐替代麻布，成为主要的衣被原料。元朝民间纺织能手黄道婆，将黎族人民先进的棉纺技艺从海南带回家乡松江乌泥泾。很快，松江成为全国棉纺织业的中心，江南一批小镇也因纺织业迅速发展起来。毛纺织业是西夏手工业的重要生产部门，西北地区的高寒气候，使毛纺织品，如毡毯、毡靴、毡帽成为当下人的生活用品。

北宋时期，瓷窑遍布全国各地，出现了五大名窑。定窑在河北曲阳，以烧白瓷为主；汝窑在河南宝丰，主要烧制宫廷用瓷；哥窑在浙江龙泉，出产青瓷；官窑在河南开封，专为宫廷烧制瓷器。钧窑在河南禹县。

宋元时期，江西景德镇成为全国的制瓷中心，以生产青白瓷著称，行销海内外。元代的青花瓷，胎釉烧制技术达到了很高的水平。矿冶业在北宋手工业中占重要地位。煤的开采量很大，首都东京的居民普遍使用煤作原料，燃料的改进大大提高了金属冶炼的产量和质量。

印刷业在宋元时期发展迅速，推动了文化的普及，带动了造纸业的发展。

趣味小知识：纺织能手黄道婆

黄道婆，元代松江府乌泥泾（今上海市徐汇区华泾镇）人，幼为童养媳，不堪公婆虐待，逃出家门，流落到海南岛崖州。该地盛产木棉，黄道婆与黎族人民一起生活了30多年，学得当地植棉、轧花、弹花、纺纱、织布等技术，返乡后投身纺织业，改革棉纺工具，传授棉纺织工艺。到明初，松江府已成为全国最大的棉纺织业中心，有“衣被天下”之誉。

为了缅怀黄道婆的功德，其乡人建造了祠堂、墓葬及纪念馆等。黄母祠位于上海市上海植物园内；黄道婆墓位于上海市徐汇区华泾镇东湾村，始建于元代，1957年重修，黄道婆纪念馆于2003年开馆，展示了黄道婆的生平事迹和她对中国纺织事业的贡献。

3. 商业的繁荣

北宋商业十分繁荣，商业活动突破坊和市的界限，营业时间也不受限制，市内的商店、旅舍、酒铺等随处可见，还有娱乐贸易场所“瓦肆”。室内还有货栈，专门用来寄存货物。北宋时出现了世界上最早的纸币“交子”。元朝在全国范围内将纸币作为主币发行。

辽、西夏、金的商业也有一定的发展。榷场贸易在辽西夏金的社会经济中占有重要地位。北宋在边境雄州、霸州等地设立榷场，辽以羊、马、骆驼等换取宋的稻米、茶叶、丝织品等物产。

4. 社会生活

宋元时期是我国古代多元文化碰撞交融与社会经济高度发展的时期。宋代市民的休闲娱乐活动丰富多彩。他们可以在茶楼、酒楼中品茶、饮酒，享受美食，可以观看杂耍、说书、歌舞、皮影戏等表演，还可以参加庙会、赏花等活动。蹴鞠运动在宋代也非常流行，成为市民们喜爱的体育活动之一。宋代市民社交活动十分频繁。他们通过参加聚会、宴会等活动，结交新朋友，拓展社交圈子。茶馆、酒楼等成为市民们交流信息、讨论时事的重要场所。

北宋时，盛行油炸面食。南宋因痛恨秦桧，给油条起了个“炸秦桧”的名字。辽、夏、金以食用牲畜的肉和乳为主，天鹅肉和鹿肉是辽宫美食，西夏人喜食羊肉，金人爱吃野味。主食方面，契丹人爱用五谷熬粥；党项人喜食喜面、胡饼；女真人擅长制作蜜糕。这一时期，茶和酒是人们的主要饮料。

元朝时，南北差距很大，一般南米北面。米粥花样繁多，注重药膳。《饮膳正要》记载有枸杞羊肾粥、山药粥、酸枣粥、乌鸡粥等。羊肉成为元朝人的主要肉食。元朝从中亚引进了不少新的蔬菜品种，如胡萝卜、洋葱等。

宋朝城市的居民多住在梁架结构的瓦房中，官僚的宅第相当富丽，前堂后寝，穿廊相连，两侧有耳房或偏院，农村住宅是简陋的草房。辽、西夏的居室多为毡帐。金人“依山而居，连木为栅，层高数尺，无瓦，覆以木板，或以桦皮”。

元朝皇室宫殿住房保留了北方游牧民族的特色，成吉思汗时，蒙古大汗和后妃们居住的场所称为“斡耳朵”，蒙语宫帐的意思。当时有“三百八十四火巷，二十九衢通”之说，火巷、衢通就是后来所说的“胡同”。元代民居在结构上大量采用了榫卯结构，很多采用砖木混合结构，常采用“四合院”式布局。

北宋时，肩舆开始称为轿子，北宋末年，品官多乘坐轿子，民间出行多乘驴、马。骆驼在西北和塞外是重要的交通工具。

二、文化

1. 科学与技术

在国人引以为豪的四大发明中，火药、指南针与活字印刷术的使用都是宋代最后完成的。在中国古代科学技术史上，宋代的天文学、数学与医学也都占有重要的地位。11世纪中期，北宋工匠毕昇发明了活字印刷术，为世界文明作出了重要贡献，向东传到朝鲜、日本，向西传到埃及和欧洲。指南针的全面使用，航海图的精确绘制，再加上以开放的心态对待与海外的经济往来，迎来了宋朝与紧接其后的元朝前所未有的航海业盛况。唐末，火药开始用于军事火药和火药武器，在13世纪中期传入阿拉伯，后来由阿拉伯传入欧洲。

宋代科学最具有代表性的人物是沈括，他是一位百科全书式的科学家。在天文学、数学、物理学、地学、生物学、医学和工程技术上都深有造诣。沈括的突出贡献在天文方面，他曾经提举司天监，改进天文仪器，提倡十二气历。在医学上，他编著了《沈氏良方》，其中的“秋石方”是关于提取激素的最早记载。

沈括最重要的著作是他的《梦溪笔谈》，书中记载了当时的许多科技成果。郭守敬是元朝的天文学家，他提出"历之本在于测验，而测验之器莫先仪表"的主张，主持编订的《授时历》。一年的周期与现行公历基本相同。

这一时期的建筑技术有了较大发展，天津蓟州区的辽东独乐寺和山西应县的辽代木塔是著名的木结构建筑。金代建造的卢沟桥坚固实用，美丽壮观。建筑宏伟的元大都城内有了完整的排水系统。

2. 文学

（1）宋词。

词是唐朝后期出现的一种新诗体，是宋代文学的主流形式和标志。著名的词作家有婉约派的柳永、李清照，豪放派的苏轼、辛弃疾等。南宋词人辛弃疾、陆游在政治上主持抗金，是杰出的爱国者。

柳永，北宋词人，他是婉约派代表人物，是宋代第一个专力写词，并对宋词的词体、内容、语言、风格进行全面开拓的词人。他的词作多描绘城市风光和歌伎生活，尤长于抒写羁旅行役之情。他词风独特，情感真挚，语言生动，深受人们喜爱，流传广泛，人称"凡有井水饮处，皆能歌柳词"。代表作品有《雨霖铃·寒蝉凄切》《蝶恋花·伫倚危楼风细细》《八声甘州·对潇潇暮雨洒江天》。

李清照，号易安居士，她是宋代（南北宋之交）的著名词人，婉约词派的代表人物，被誉为"千古第一才女"。李清照的词作前期多写悠闲生活，后期则多悲叹身世，情调感伤。她的代表作包括《一剪梅·红藕香残玉簟秋》《声声慢·寻寻觅觅》《如梦令·昨夜雨疏风骤》等。李清照不仅能词，还能诗。她的诗作留存不多，但部分篇章感时咏史，情辞慷慨，与其词风有所不同。其《夏日绝句》"生当作人杰，死亦为鬼雄。至今思项羽，不肯过江东"流传甚广。

苏轼，号东坡，四川省眉山人，词开豪放一派，与辛弃疾同是豪放派代表词人，并称"苏辛"。诗词名作有《水调歌头·明月几时有》《念奴娇·赤壁怀古》《前后赤壁赋》等。与韩愈、柳宗元、欧阳修、苏洵、苏辙、王安石、曾巩合称"唐宋八大家”。他善书法，为“宋四家”之一。他还擅长文人画，尤擅墨竹、怪石、枯木等。苏轼在文学、书法、绘画等领域都取得了卓越成就。

辛弃疾为南宋词人，政治上主持抗金，是杰出的爱国者，豪放派词人的代表，有“词中之龙”之称，辛弃疾与苏轼合称“苏辛”，与李清照并称“济南二安”。他仕途坎坷，命运多舛，壮志难酬，作品经常流露出对祖国山河分裂的悲痛。辛弃疾现存词600余首，经典作品有：《青玉案·元夕》《破阵子·为陈同甫赋壮词以寄之》《永遇乐·京口北固亭怀古》《西江月·夜行黄沙道中》《丑奴儿·书博山道中壁》《南乡子·登京口北固亭有怀》等。

陆游，字务观，号放翁，今浙江绍兴人，南宋著名的文学家、爱国诗人。陆游一生笔耕不辍，创作诗歌今存九千多首。其命运随着国家起伏不定，一生为南宋呕心沥血，临终之际，陆游留下绝笔《示儿》作为遗嘱：“死去元知万事空，但悲不见九州同。王师北定中原日，家祭无忘告乃翁。”他的经典作品有：《冬夜读书示子聿》《钗头凤·红酥手》《游山西村》《书愤》《卜算子·咏梅》等，展示了陆游的爱国情怀和复杂的内心世界。

趣味小知识：关于苏东坡

苏轼生于1037年，卒于1101年。原籍眉州眉山（今四川省眉山市），21岁考中进士，后步入仕途。1079年，苏轼因“乌台诗案”被卷入政治斗争，被关在御史台审讯130天，这一事件成为他仕途生涯的转折点。乌台诗案后，苏轼被贬黄州，在黄州期间，他创作了《赤壁赋》《定风波》《念奴娇·赤壁怀古》等作品。此后，苏轼又被贬至惠州、儋州等地。苏轼在《自题金山画像》中道：“问汝平生功业，黄州惠州儋州。”

苏东坡一生历经坎坷，但始终保持着乐观豁达的人生态度，这种人格魅力不仅深受同时期人们的敬仰，而且穿越千年，受到后人追捧。现代著名作家林语堂在《苏东坡传》中这样说“人生缘何不快乐，只因未读苏东坡”，苏东坡的精神面貌成了现代内耗的人学习的楷模。关于苏东坡的纪录片有《苏东坡》（2017 年拍摄）和《定风波》（2023 年拍摄），从不同角度展现了这个文化巨匠光辉的一生。

（2）宋代散文。

宋代散文取得了极高的成就，唐宋八大家（韩愈、柳宗元、欧阳修、苏洵、苏轼、苏辙、曾巩、王安石）中宋占其六。宋代散文名篇有：欧阳修的《醉翁亭记》、王安石的《游褒禅山记》、苏轼的《前赤壁赋》、范仲淹的《岳阳楼记》、周敦颐的《爱莲说》。这些文章不仅蕴含着丰富的知识和文化，包括旅行地的历史、地理、民俗、风土人情等，还能提升旅游地的知名度和吸引力，如苏轼的《前赤壁赋》中，虽然描述的并非当年赤壁之战发生地，但是因为其文学价值现在已经成为湖北黄冈市的知名景点，范仲淹的《岳阳楼记》千古流传，是使岳阳楼成为“江南三大名楼”的原因之一。

（3）元曲。

元朝文学的主要成就是曲，包括散曲和杂剧。散曲起源于宋、金的市井小曲，受到北方少数民族音乐的影响，大致形成于金朝后期。到元朝，散曲的发展进入鼎盛时期。元曲是比词更灵活、更通俗的长短句配乐诗歌题材，更加适合市井演唱。散曲名篇如马致远的《天净沙 · 秋思》“枯藤老树昏鸦，小桥流水人家，古道西风瘦马，断肠人在天涯”千古流传。演员将成套的散曲连缀在一起歌唱，辅以音乐、舞蹈、表演、告白，安排不同的角色，来表达一个完整的故事情节，形成了杂剧，元杂剧标志着中国古代戏曲艺术的成熟。元杂剧的主要代表作家有关汉卿、郑光祖、马致远、白朴等。他们的作品如《窦娥冤》《倩女离魂》《汉宫秋》《梧桐雨》等，都是元杂剧的代表。《窦娥冤》揭露了元代吏治的腐败和社会的混乱；《汉宫秋》取材于王昭君出塞和亲的故事，表达了金元、宋元之交的家国兴亡和民族情绪；《梧桐雨》则根据史实描写了唐明皇和杨贵妃生离死别的悲剧故事。元杂剧作家大都生活在社会下层，他们的创作充分发挥了社会现实和针砭时弊的作用，在结构安排、人物塑造上也达到了很高的艺术成就。

宋元城市中，说书演出非常盛行，底本称为话本，就是早期的白话小说。元朝话本（尤其是长篇讲史）的发展，直接孕育了元明之际的两部长篇小说巨著《水浒传》和《三国演义》。两书的内容直接来源于话本。

趣味小知识：元杂剧的渊源

中国古代很早就出现了有情节的舞蹈和有念白的滑稽表演，后者相当于今天的小品。宋朝城市中有傀儡戏、皮影戏等娱乐活动，由人操纵表演。北宋和金朝还流行一种说唱艺术，称为“诸宫调”，由演出者演唱一个长篇故事，类似于今天的大鼓或弹词。作为综合舞剧艺术的元杂剧，是在上述表演形式的基础上形成的。

3. 艺术

（1）绘画。

宋元时期书画艺术有很高的成就，宋朝风俗画是当时画坛的最大亮点，代表作有北宋画家张择端的《清明上河图》。它描绘了北宋东京汴河的沿岸风光和繁荣景象，是我国美术史上的不朽作品。

（2）书法。

北宋时期的书法一改唐朝“尚法”的风格，转为“尚意”，强调书家的主体精神的世界表达，更注重个人风格和个性，造就了米芾、苏轼、黄庭坚、蔡襄这样的北宋四大家。宋代文人如欧阳修、苏轼等，倡导“学书消日”的态度，将书法视为一种修身养性、陶冶情操的方式，促进了书法艺术的普及和发展；米芾擅篆、隶、楷、行、草等书体，是中国书法史上难得的“全才”，他的代表作《蜀素帖》被誉为“中华第一美帖”。另外，宋徽宗赵佶自创了一种书法字体，被后人称为“瘦金体”，字体瘦挺爽利，侧锋如兰竹，与其所画工笔重彩绘画相映成趣。

（3）少数民族文字。

辽、夏、金都模仿汉字字形，创造了本民族文字。辽先后创制了契丹大字、小字，用以刻石立碑，进行文学创作，金也创制了女真文字，在科举中开设女真进士科，用女真文字答题。西夏文仿照汉字创制，但笔画繁多，结构复杂，多数字都在十画以上。西夏文创制后，大量翻译了中原地区的儒学经典、史书、兵书等。成吉思汗命人用畏兀儿文字拼写蒙古语，形成畏兀体蒙古文。忽必烈即位后，委派藏传佛教高僧八思巴改制藏文字母，创造出一套拼音符号，用于拼写蒙古语，用来拼写汉语等多民族语言，这也是汉语拼音化的最早尝试。

项目五 社会现象

一、理学兴起

北宋中期开始，一批学者掀起了儒学复兴运动、抨击佛道的活动，他们挖掘儒家经典的思想内涵，强调学术为现实服务，又冲破汉唐儒学的束缚，融合佛道思想来阐述佛家义理，形成了以理为核心的新儒学体系。他们希望充分发挥儒学在强化社会伦理道德秩序、树立基本价值观方面的作用，提出“为天地立心，为生民立命，为往圣继绝学，为万世开太平”。北宋时期的程颐、程颢兄弟和南宋时期的朱熹成就最为突出，所以，理学也称为“程朱理学”。

朱熹是理学的集大成者，他认为理是自然界和社会的基本法则，也称天理。而天理是作为道德规范的三纲五常，是人性的最高境界；并指出人性本来与天理一致，具有仁、义、礼、智、信的美德，但被后人的欲望所蒙蔽，所以强调

"存天理，灭人欲"。即通过道德修养，克服过度的欲望，最终实现对天理的充分体验，从而达到圣人的精神境界。理学提出"格物致知"，认为只有深刻探究万物，才能真正达到对普遍天理的认识，理学带有客观唯心主义的倾向。

朱熹从儒家早期典籍《礼记》中抽出《大学》《中庸》两篇，再加上记录孔子、孟子言论的《论语》和《孟子》二书、合编为"四书"。他的学说传至日本、朝鲜乃至欧洲后，形成了"朱子学"学派。从南宋后期起，程朱理学受到官方尊崇，在历史上产生了深远影响。

趣味性小知识：朱熹及朱熹的哲理诗

朱熹祖籍江西婺源，生于福建，是南宋时期著名的理学家、思想家、哲学家、教育家、诗人，闽学派的代表人物，世称朱子，是孔子、孟子以来最杰出的儒学大师。朱熹不仅是一位理学家，还是一位诗人，他的诗多包含丰富的哲学思想。

《春日》和《观书有感》是他最脍炙人口的诗作。《春日》中的"等闲识得东风面，万紫千红总是春"，蕴含着深刻的哲理，即春天的美好和生机是普遍存在的。《观书有感》中的"问渠那得清如许？为有源头活水来"告诉我们要保持心灵澄明，就得认真读书，时时补充新知识。这两首诗因寓意深刻，内涵丰富而被千古传颂。

二、经济重心南移

自唐中叶以来，南方的经济实力渐渐超过北方。北宋在经济上对南方依赖明显，户口分布南多北少的格局也已定型。北宋灭亡，大批中原人口南渡，进一步奠定了南方的经济重心地位。长江下游和太湖流域一带成为全国最重要的粮仓，谚语称"苏湖熟，天下足"。

元朝的南北经济差距继续扩大。全国大部分人口和税收集中在江南。为将南方财富顺利北运，元朝重新开通了大运河，改变了隋唐时迂回曲折的路线，缩短了航程，元朝还创造性地开辟了长途海运路线，主要任务也是运输江南的粮食。

随着经济重心的南移，南方经济的发展带动了文化的发展。北宋时，南方考生在全国统一科考卷中优势明显，朝廷被迫采用南北分卷制度。自南宋起，江浙一带尤其成为人才的集聚地。

三、民间书院兴起

由于印刷普及等原因，宋代教育大大超过前代。私人讲学书院在北宋兴起，南宋时大盛，而宋代书院总数大概在四五百所之间。宋朝著名的书院有岳麓书院、白鹿洞书院、石鼓书院和嵩阳书院。其中，白鹿洞书院是朱熹和学界名流陆九渊等讲学的地方，成为理学传播的中心。

民间书院办学具有较大自主性，不受官府直接控制；书院向社会各阶层开放，打破官学对教育的垄断；注重学术研究，邀请名师讲学，学术氛围浓厚；不仅注重理论教学，还强调实践能力的培养；注重培养学生的道德品行，鼓励讨论、辩难，让学生自己讲心得，风气比较活跃。这曾是理学家的摇篮，理学兴起之后，又往往成为理学重镇。民间书院在中国教育史上占据重要地位，不仅促进了学术文化的繁荣，还推动了教育市民化的进程。

趣味小知识：中国的四大书院

白鹿洞书院：位于江西省九江市庐山五老峰南麓，享有“海内第一书院”之誉。书院始建于南唐升元年间（940 年）。朱熹曾在此重建书院并讲学，确定了书院的办学规条和宗旨，使其声名大振，成为宋末至清初数百年间中国的一个重要文化摇篮。

岳麓书院：位于湖南省长沙市岳麓山，是北宋开宝九年（976

年）潭州太守朱洞在僧人办学的基础上正式创立的。历史上，许多著名的学者和思想家都曾在岳麓书院讲学或求学，如张栻、朱熹、王船山、曾国藩、左宗棠、胡林翼、郭嵩焘、杨昌济、毛泽东等。书院大门前悬挂有“惟楚有才，于斯为盛”的楹联，彰显了其深厚的文化底蕴和学术成就。

嵩阳书院：位于河南省郑州市登封市嵩山南麓，是中国古代著名的高等学府之一。始建于北魏太和八年（484年）。先后在嵩阳书院讲学的有范仲淹、司马光、程颢、程颐、范纯仁等名儒。嵩阳书院是宋代理学的发源地之一。司马光的《资治通鉴》第九卷至二十一卷就是在嵩阳书院完成的。

应天书院：位于河南省商丘市睢阳区南湖畔，是北宋时期最具影响力的书院之一。北宋名臣范仲淹曾在此担任“校长”，并推动了书院的发展。应天书院后来升格为“南京国子监”，成为北宋最高学府之一。

四、国际贸易空前繁荣

宋朝时期，尤其是南宋，由于北方领土的丧失，政府更加依赖南方经济，特别是海上贸易来支撑国家财政。政府采取了一系列政策鼓励海外贸易，如设立市舶司、欢迎外国商人来华经商，甚至定居等。宋元时期，中国在造船和航海技术方面取得了显著进步。指南针的广泛应用极大地提升了海上航行的安全性和准确性，为国际贸易的拓展提供了有力支持。

宋元时期的国际贸易主要依赖于海上丝绸之路，航海家们开辟了多条海上航线，这一路线连接了中国、东南亚、南亚、西亚甚至非洲东海岸等地，成为当时国际贸易的主要通道。主要的外贸港口有广州、泉州、明州（今宁波）

等，这些港口在宋元时期都经历了繁荣的发展阶段。出口商品主要包括丝绸、瓷器、茶叶、铁器等特色商品，这些商品在国际市场上享有盛誉，是中国的文化符号。进口商品则以香料、珠宝、药材等为主。

宋元政府都设立了专门的管理机构来管理海外贸易，如市舶司等。这些机构负责征收商税、保护外商的合法权益以及维护市场秩序等职责。政府还通过政策激励来促进海外贸易的发展，如提供贸易便利、减免税收等优惠措施。

国际贸易为宋元带来了巨额的财政收入，成为国家财政的支柱之一，收入不仅用于国家建设和发展，还促进了农业、手工业和商业的繁荣。国际贸易不仅带来了商品的交流，也促进了文化的传播和融合。外国商人、传教士和使节等在中国传播文化、宗教和科学知识，同时，也将中国的文化带到了世界各地。

趣味小知识：泉州——世界宗教博物馆

宋元时期，泉州以“东方第一大港”的胸怀，接纳了来自世界各地的商贾，多种宗教文化和艺术得以在这里扎根、成长，泉州被誉为“世界宗教博物馆”。除了儒释道，还有伊斯兰教、天主教，景教、印度教、摩尼教等诸多宗教历史遗存。

泉州共有800多座佛寺，还有众多的道教宫观、民间庙宇、伊斯兰教建筑、基督教、天主教教堂等。位于泉州古城中心的涂门街，是泉州多元宗教文化的展示窗，短短数百米的街道，分别坐落着代表儒家文化的府文庙、代表伊斯兰文化的清净寺和代表民间信仰的关帝庙等。2022年，“寺庙游”大火，作为“世界宗教博物馆”的泉州，在各个社交平台上火爆出圈，泉州成为许多年轻人打卡“寺庙游”的目的地。

五、从豪族到市民社会

中国古代社会的彻底改变，是从宋朝开始的。由于知识传播成本大幅下降，加上宋代统治者为了解决武将当权问题，开始大规模推行科举，科举成了最主要的选官手段，科举人数大大增加。平民真正有机会通过考试进入上流社会，并最终形成一个阶层流动的市民社会。北宋的 71 名宰相中，除赵普等 4 人为开国功臣任宰相外，其余只有 3 人不由科举，剩下 64 名均通过科举上位。

宋朝以前，社会长期存在人身不完全自由且受到歧视的贱民阶层。到宋朝，贱民数量显著减少。前代的家内服役大都是世袭奴婢承担，宋朝更多来自雇佣，无地农民与地主签订契约，租种土地，较少受到契约以外人身的束缚。为了适应社会经济的变化，宋朝政府适当放松了对社会的控制，老百姓可以随时迁移住所、更换职业。唐朝还实行的夜禁制度也被废止，夜市在宋朝达到了高度繁荣。宋代不仅有出租车服务（以租赁驴子和马车为主），还有发达的外卖服务。

市民文化促进了“俗文化”的发展，市民喜闻乐见的白话小说和戏剧开始出现。因民间教育的普及，平民百姓通过科举涌入上层社会，富于生活气息的底层文化与高雅的上层文化开始接触，雅俗之间没有了严格界限，中国文学在宋代首开“口语化”写作先河。元朝时，“俗文化”取代“雅文化”成为主流。

汉族精致的上层文化诗词歌赋对蒙古人缺乏吸引力，但他们能看懂戏的内容，读书人于是大量投身于剧本创作，元曲获得了空前繁荣。

趣味小知识：东京梦华录

《东京梦华录》是宋代孟元老的笔记体散记文，创作于宋钦宗靖康二年（1127 年）。该书追述了北宋都城开封府的风俗人情，主要描绘了宋徽宗崇宁到宣和（1102—1125 年）年间居住在东京的上至王公贵族、下及庶民百姓的日常生活情景，是研究北宋都市社会生活、经济文化的一部重要古籍。该书被誉为“文字版的《清明上河图》”。

2022年上映的电视剧《梦华录》和《东京梦华录》名字相似，却无直接联系。《梦华录》改编自元关汉卿杂曲《救风尘》，但两者都与宋朝有关，展现了与汴京相关的人文风貌。

项目六 文化旅游资源

一、世界文化遗产

1. 泉州：宋元中国的世界海洋商贸中心

宋元中国的世界海洋商贸中心位于福建省泉州市，核心区包括鲤城区和丰泽区，遗产点分布于整个泉州市内，包括行政建筑遗址、宗教建筑和雕像、文化纪念地史迹、窑址和冶铁遗址，以及由桥、码头和航标塔组成的交通运输网络。

泉州海域位于东海和南海的交界地带，海岸线全长500多公里，沿海分布多处天然深水良港。宋元时期，泉州的海洋贸易体系以位于江海交接处的城市为运行中枢，东南面的海域是其对外联系门户、西北面的山区是其产业基地，水陆复合的运输网络连接其间，泉州不仅是海上丝绸之路的起点，也是中外文化交流和商贸往来的枢纽。

泉州海洋商贸的繁荣始于唐宋，在宋元时期达到鼎盛，成为当时世界上最大的港口之一，被誉为“东方第一大港”。向海而生、开放融合的传统基因，塑造着泉州生动多彩、充满活力的社会风格和文化面貌。

泉州是联合国唯一认定的海上丝绸之路起点，列入国家“一带一路”倡议的21世纪海上丝绸之路先行区。泉州作为宋元与世界文明的对话窗口，展现了完备的制度体系、发达的经济水平，以及包容的文化态度，对宋元时期亚洲海洋贸易的高度繁荣，以及东亚与东南亚的社会发展做出了贡献。

2. 福建土楼

福建土楼主要分布于福建省龙岩市和漳州市及广东省部分地区。福建土楼产生于宋元，成熟于明末、清代和民国。土楼是客家人在迁徙过程中，结合当地地理环境和建筑材料创造的一种独特的建筑形式。土楼通常为多层，建筑内檐为圆形或方形。土楼是围绕中央的开放式庭院，作为以土作墙而建造起来的集体建筑，土楼实际上成了村寨，常被称为“家族的小王国”或“繁华的小城市”。

土楼以其建筑传统和功能作为典型范例被列入世界文化遗产，体现了一种特定类型的公共生活和防御组织，体现了人类居住与自然环境和谐相处。福建土楼是客家文化的重要载体，反映了客家人在迁徙过程中的生活状态和文化传承。

目前，土楼依托各类媒介植入“福建土楼”IP，将民俗活动、大型赛事、影视创作、文旅直播等作为活化土楼 IP 的载体。例如，《福建如你》MV、《大鱼海棠》等 20 余部影视作品在土楼取景拍摄，提升了土楼的知名度。

土楼积极推进跨界融合，与民宿、旅游、数字文创、广告传媒等融合。如永定区与腾讯游戏合作推出“永定土楼·天涯明月刀”沉浸式数字文旅项目，为游客带来多角度的沉浸式体验。

3. 西湖

西湖位于浙江省杭州市西部，三面环山，东邻城区，南部和钱塘江隔山相邻。形成于 9—12 世纪间的多次疏浚工程。西湖风景园林肇始于中唐，白居易等文人墨客的诗文中开始出现对西湖的描绘，白居易的《西湖晚归回望孤山寺赠诸客》和《杭州回舫》中首次出现了“西湖”的名称。

自南宋起，西湖十景就被认定为经典景观，西湖成为文人雅士聚集之地，留下了大量的诗词歌赋。白居易的《钱塘湖春行》、苏轼的《饮湖上初晴后雨二首·其二》、杨万里在《晓出净慈寺送林子方》中描绘了西湖不同季节的美景。这一时期，西湖周边还兴建了许多寺庙、园林和亭台楼阁，如净慈寺、灵隐寺、孤山等，进一步丰富了西湖的文化内涵。

西湖景观是文化景观的杰出典范，正如唐宋两代的文学家和学者所描绘的那样，西湖清晰地展现了中国景观的美学理想。西湖景观对中国乃至世界的园林设计影响深远，不少地方以湖、堤造型，摹习西湖的和谐之美。西湖的核心要素至今仍然能够激发人们“寄情山水”的情怀。

近年来，西湖围绕“数字”“跨界”“绿色”“品质”四个关键词，打造了一批具有西湖辨识度的文旅融合产品，如“西湖夜未央”文旅夜经济品牌等。

4. 元上都遗址

元上都遗址位于内蒙古锡林郭勒盟正蓝旗和多伦县，北依龙岗，南临滦河，面积约 250 平方公里。元上都遗址由城址以及城垣外的关厢和城市防洪渠组成，包括城墙、城门、道路、护城河、防洪渠遗迹，以及宫殿、寺庙、民居等各类建筑基址和墓葬群等。

1256 年，忽必烈在金莲川兴建元上都，初名开平府。1260 年，忽必烈在此登上了蒙古大汗的汗位，开平成为蒙古汗国的新首都。1263 年，忽必烈将开平定为上都，1264 年，在燕京（今北京）建立元大都，确立了两都巡幸制度，冬季首都在大都，夏季首都在上都。忽必烈以元上都为中心，将蒙古汗国发展到鼎盛阶段，建立了中国历史上第一个由少数民族建立的大一统王朝。元朝疆域涵盖了当今中国、蒙古为中心的东亚、中亚大陆，远超秦、汉、隋、唐等统一的王朝。

元上都遗址呈现了元代“夏都”的整体格局与营造特色，是中国元代都城中创建最早、历史最久、保存最完好的遗址。它见证了 13—14 世纪，游牧民族对农耕文明地区从军事征服到文化吸纳和兼容的过程，以及游牧民族出于传统、情感和政治需要，对自身文明的坚持。由此产生的游牧与农耕两种文化兼容并蓄的“二元”城市模式，是人类文明过程中民族融合的典范。

二、非物质文化遗产

1. 七夕节

宋代的七夕节是仅次于春节的第二大节日，是一年中风俗最盛、活动最丰富的节日。宋元之际，京城设有专门的“乞巧市”，专卖乞巧物品。有穿针乞巧、晒书晒衣、吃巧果、拜织女的习俗。宋词中有许多描述七夕的场景，其中，最出名的是秦观的《鹊桥仙》“纤云弄巧，飞星传恨，银汉迢迢暗度。金风玉露一相逢，便胜却人间无数。柔情似水，佳期如梦，忍顾鹊桥归路。两情若是久长时，又岂在朝朝暮暮”写出了人们对爱情和美好生活的向往。

2. 元宵节

宋代的元宵节是个极为重要的传统节日，庆祝活动丰富多彩，最引人注目的是处处张灯结彩，人们在家中、街道两旁及公共场所悬挂各式花灯，花灯造型各异、色彩缤纷，将城市装点得如同白昼。还出现了专门的灯市，售卖花灯和灯笼，猜灯谜活动也深受人们喜爱。辛弃疾的《青玉案·元夕》中，“东风夜放花千树，更吹落、星如雨。宝马雕车香满路。凤箫声动，玉壶光转，一夜鱼龙舞”，描绘了元宵节的热闹景象。

三、历史文化名城

1. 开封

开封位于河南省的中东部，地处黄河中下游平原的东部，北临黄河。

534年，东魏孝静帝设立梁州，北周武帝时期（576年），改梁州为汴州，这是开封称汴之始。唐朝中后期开始，开封的军事地位上升，成为当时的军事重镇，加上拥有便利的运河交通，逐渐成为沟通南北的“水陆都会”。五代时期的后梁、后晋、后汉、后周先后定都于开封，称为“东都”或“东京”。后梁定都开封17年，使中国北方的政治、经济、文化、军事中心从河洛地区的洛阳转向豫东平原的开封地区。

960年，赵匡胤建立宋朝，史称北宋，定都东京。北宋时期，开封历经九帝 168 年，人口逾百万，富丽甲天下，繁荣兴旺达到鼎盛，成为当时全国的政治、经济、文化中心，也是当时世界上最繁华的大都会之一。北宋著名画家张择端的《清明上河图》和文学家孟元老的《东京梦华录》，生动地描绘了开封当时的繁华景象。

开封的文化旅游资源有：清明上河园、龙亭公园、铁塔公园、开封府和大相国府等，近些年大火的万岁山·武侠城也因为游玩项目众多而受到游客追捧。

2. 杭州

杭州地处长江三角洲南翼、钱塘江下游，杭州湾西端，是“丝绸之路经济带”和“21 世纪海上丝绸之路”的延伸交点和“网上丝绸之路”战略枢纽城市。

杭州是华夏文明的发祥地、中国著名的七大古都之一，以“东南名郡”著称于世。跨湖桥遗址的发掘显示，早在 8000 多年前，就有人类在此繁衍生息。距今 5000 多年前的良渚文化被称为“中华文明的曙光”。自秦时（前 222 年）设县（钱唐县）治以来，已有 2200 多年历史。隋开皇九年（589 年）废钱唐郡，置杭州，杭州之名首次在历史上出现。五代吴越国（907—978 年）和南宋王朝（1138—1279 年）两代都在杭州建都。

南宋的临安（今杭州）十分繁华，人口达百万。元朝时，杭州是南方最大的商业和手工业中心。被 13 世纪意大利旅行家马可·波罗赞叹为“世界上最美丽华贵之天城”“天堂”。

杭州拥有丰富的历史文化遗产。从良渚文化到南宋皇城遗址，再到京杭大运河（杭州段），这些资源为杭州旅游业增添了浓厚的文化底蕴。杭州文旅正积极打造集“赛、演、展、旅”于一体的旅游目的地，推动文化和旅游的深度融合。通过“五大焕新”工程等举措，提升旅游品质和吸引力。

3. 北京

北京市地处华北大平原的北部，东面与天津市毗连，其余均与河北省相邻。北京最早见于文献的名称叫“蓟”，蓟国是西周王朝的一个分封国。938 年，蓟城成为辽的陪都，因其位于辽的南部，所以改称“南京”，又叫“燕京”。1135年，金灭辽，迁都燕京，改名为中都。1272年，元朝定都北京，并改名为大都。

北京在辽代是商业繁荣的城市，到金代仍为商业中心，到元代，北京既是政治文化中心，也是国际性的商业大都会。元朝时，北京进行了大规模的城市建设，成为国际化大都市，元大都的城墙周长有28000余米，共11座城门。大都城内共分为50坊，居民不下10万户。市区商业十分繁荣，按行业划分为米市、面市、羊市、皮帽市等数十处。据意大利旅行家马可·波罗描述，“外国巨价异物及百物之输入此城者，世界诸城无能与比……有如川流之不息”。

元大都在城市规划上进行了大胆的创新尝试。宫殿的布局、道路的设计都体现了高度的美学价值与功能性。2024年，“北京中轴线”申遗成功，“北京中轴线”由古代皇家宫苑建筑、古代皇家祭祀建筑、古代城市管理设施等五大类遗存组成，其选址、格局、城市形态和设计体现了《周礼·考工记》记载的理想范式，展现了中国古代王朝制度和城市规划传统，见证了北京城市的发展演变。

四、知名景点

1. 天津独乐寺

独乐寺位于天津北郊的蓟州区城西门内，是中国首批公布的重点文物保护单位，是国内最古老的高层木结构楼阁式建筑。该寺始建于唐贞观二年（628年）。主体建筑山门和观音阁为辽统和二年（984年）重建，据记载，独乐寺自辽代重修以来，曾经遭受过28次地震，其中3次是破坏性强震，周边几乎所有的房屋建筑都倒塌了，唯独观音阁未遭破坏。独乐寺历经重建、修缮和扩建，呈现今天的面貌。

阁内观音立像高16米，慈善端庄，衣带飘飖，蔚为壮观。因观音头顶10个小佛头，故称十一面观音。两侧的胁侍菩萨和山门内的天工像等，亦为辽代彩塑珍品。观音阁四壁画有十六罗汉立像和三头六臂明王像，为明代画师之作，是中国古代木结构建筑的代表作。观音阁通高23米，上下两层，中间设一暗层。梁柱接榫部位因位置和功能不同，共用斗拱24种，建筑上以手法高超著称。

独乐寺不仅是中国仅存的三大辽代寺院之一，也是津门十景之一。如今，独乐寺已和白塔寺、鲁班庙、鼓楼一起成为蓟州区古城内的著名旅游景点。

2. 应县木塔

应县木塔位于山西省朔州市应县佛宫寺内，原名佛宫寺释迦塔。应县木塔建于辽代清宁二年（1056）。木塔保持着辽代的风格，是世界上现存最高大、最古老的纯木结构楼阁式建筑之一。它采用全木结构，无钉无铆，完全依靠斗拱、柱梁镶嵌穿插吻合而成，展现了古代工匠的超凡技艺。与意大利比萨斜塔、巴黎埃菲尔铁塔并称“世界三大奇塔”。

木塔建在4米高的两层石砌台基上，木塔通高67.13米，底层直径为30米，底层有一尊11米高的释迦牟尼金身坐像。木塔自建造至今已有900多年历史，长期经受风雨侵蚀，并曾遭受军阀炮击以及多次强烈地震，虽有轻微倾斜，仍巍然屹立。实践证明，它是建筑结构与使用功能设计合理以及造型艺术的典范之作，是中国古代建筑史上的一大奇迹，在世界上也是绝无仅有的。

一座古塔，诠释了历史的变迁，如同一个不变的坐标，慰藉着一代代人的心灵，在时代的变迁和融合中，向游客展示千年神奇木塔文化、古建文化的独特魅力。

3. 卢沟桥

卢沟桥位于北京西南广安门外约15公里的永定河上，始建于金世宗大定二十九年（1189年），落成于金章宗明昌三年（1192年），因横跨卢沟而名。卢沟桥全长266.5米，宽7.5米，最宽处可达9.3米。有桥墩十座，共11孔，整个桥体都是石结构，关键部位均有银锭铁榫连接，为华北最长的古代石桥。

卢沟桥桥上的石刻十分精美，桥身的石雕护栏上共有望柱281根，柱高1.4米，柱头刻莲座，座下为荷叶墩，柱顶刻有众多的石狮。望柱上雕有大小不等、形态各异、501个石狮子。这些狮子融汇了各个时期的艺术特征，成为自金代以来历朝石雕狮子艺术的博物馆。

卢沟桥是一座英雄桥。卢沟桥一带，是燕地通往华北平原的要津，重要的古渡口。卢沟桥自古就是战略要地，守桥与夺桥之战不绝于史。1937年“七·七事变”发生于此，桥柱上当年日军的弹痕依稀可见。它见证了中国人民抗击侵略者的伟大斗争，卢沟桥从此被载入史册。

龙岗区于1963年被列为第一批全国重点文物保护单位。今天为了保护这座古桥，建立了卢沟桥文化旅游区，弘扬传统文化，保护革命遗迹，充分发挥了它的教育功能，卢沟桥对中华民族后代的教育将会做出更大的贡献。

4. 钱王祠

钱王祠位于杭州市西湖柳浪闻莺公园内，始建于北宋时期。钱王祠是祭祀五代吴越国王钱镠及后代共三世五王的庙堂。祠内有苏东坡撰写的《表忠观碑记》，叙述了吴越国钱王的光辉事迹。

钱王祠在时空上经历了五代肇始，北宋创建，明代迁建，清代扩建，民国复建和现代湮废后复建的历史变迁过程，屡遭天灾战乱，阅尽人世沧桑，建而毁，毁而建。杭州市政府于2001年在钱王祠旧址重建了这座古祠，恢复了吴越国钱氏三世五王塑像、功德崇坊、主要殿堂建筑等相应景观。

复建后的钱王祠主体工程宏伟壮观，高大轩敞的建筑透射出王者之气。山门前有功德坊，以纪念吴越国王钱镠的功绩。门前旁侧有八座牌坊，错落有致，寓意吴越国三代五王对吴越地区的贡献。祠中的石雕栏杆、红墙黑瓦，春映玉兰，秋衬银杏，冬倚梅花，四季皆有如画之景。

如今的钱王祠，承载着传播吴越历史遗韵的重任，成为集游览、观赏、文化展示与历史研究为一体的绝佳景点。

课后作业

一、简答题

1. 介绍燕云十六州的地理位置及其对北宋政局的影响。

2. 介绍辽、金、西夏、北宋、南宋、元的开国君主及主要功绩/事迹。

3. 介绍两宋时期中国的主要思潮。

4. 两宋时期社会走向市民化的原因及表现是什么?

5. 介绍王安石变法的背景、主要措施及失败的原因。

二、设计题

1. 苏东坡不仅以其才华横溢的诗文闻名于世,他的足迹更是遍布大江南北,留下了许多脍炙人口的诗篇和故事。请搜索相关资料,从人物生平、人生轨迹、主要作品三个方面介绍苏东坡,并设计一条为期7天,主题与“跟着东坡游中国”相关的旅游线路,完成表5-1。

表5-1 旅游线路设计

日期	时间	活动内容/地点	交通方式	住宿	注意事项
第一天					
第二天					
第三天					
第四天					
第五天					
第六天					
第七天					

2. 随着芒果TV的《明星大侦探》热播,剧本杀在中国迅速普及,成为年轻人的热门娱乐方式。某天,你们学校接到一个任务:为杭州宋城景区设计一个剧本杀项目,请以“岳飞之死”事件为剧本进行设计。

第六章 明清历史与文化旅游资源

本章导读

明、清是中国古代的最后两个王朝，本章所介绍的清朝，指1840年鸦片战争以前的时期。明清两朝专制集权空前强化，现代中国的版图逐渐定型，经济、文化、对外关系有了新的发展。这一时期的世界形势发生了巨大变化，随着新航线的开辟，世界连成一体，欧洲资本主义兴起并发展，新兴工业文明取代传统农业文明成为世界潮流。然而到清朝的中后期，社会日益封闭僵化，国家由盛转衰。中国在世界近代步入近代化的浪潮中逐渐落伍。

学习目标

- 了解明清时期统一全国和经略边疆的相关举措；
- 认识这一时期统一多民族封建国家版图奠定的意义；
- 了解明清时期社会经济、思想文化的重要变化；
- 能分析明清时期封建专制发展和世界形势变化对中国的影响及中国面临的危机；
- 能赏析明清时期优秀的文化旅游资源，并能进行相应的产品设计。

项目一 朝代脉络介绍

1. 明朝

1368 年，明朝建立。朱元璋为明太祖，定都南京。此后 20 多年，明朝基本完成全国统一。实行休养生息政策，社会经济快速恢复。明朝末年，政治腐败严重，社会矛盾激化，农民起义频发。同时，北方的女真人势力逐渐崛起，对明朝构成了严重的威胁。在内外交困的情况下，明朝的统治难以为继。虽然崇祯帝朱由检在位期间进行了一系列改革和整顿，但已经无法挽回明朝的颓势。1644 年，农民起义军领袖李自成在西安建立大顺政权，后攻入北京，明灭亡。

2. 清朝

1616 年，女真领袖努尔哈赤称汗，建立后金政权，国号“金”，史称“后金”。1625 年，后金政权迁都沈阳。1636 年，皇太极在沈阳称帝，改国号为“大清”。努尔哈赤和皇太极分别被尊称为清太祖和清太宗。1644 年，明朝将领吴三桂打开山海关迎清军入关，清朝开始了对中原地区长达 200 多年的统治。

项目二 地理概念及关键历史事件

一、地理概念

1. 明长城

为了抵御北方游牧民族（蒙古、女真等）的侵扰，明朝从建立之初便开始修建长城。整个明朝统治期间，从未停止过修筑，形成了全长 6000 多公里的明长城。明长城东起辽宁鸭绿江，西至甘肃嘉峪关，从东向西行经辽宁、河北、天津、北京、山西、内蒙古、陕西、宁夏、甘肃、青海 10 个省份。明长城几乎与年降水量 400 毫米等值线重合，两者之间的吻合说明古人清楚地知道农牧交错带的位置，正因为如此，才将长城这个防御工程设在这里。

明长城大部分是在秦、汉、北魏、东魏、北齐、北周、隋和金朝修建的原长城基础之上修缮、改扩建而成，但布局更加合理，设施也更加完善。明长城以城墙为主体，由关隘、城台、烽火台等组成，沿线设立卫所，驻守军队，开展屯田，进行生产，并修建了与之相连的道路，形成一个完整的军事防御体系。

趣味小知识：长城沿线的知名关城

明长城不仅是中国古代军事防御建筑的杰出代表，还蕴含着极高的旅游价值，是世界文化遗产。长城沿线的关城，是知名的旅游目的地，吸引了无数游客前来参观学习。如山海关、居庸关、平型关、雁门关、娘子关、嘉峪关等。

山海关，位于河北省秦皇岛市东北15公里处，是明长城的东端起点。1381年，明太祖朱元璋下令修筑山海关，这里成为扼东北、华北咽喉要塞的军事重镇，因关城北抵燕山，南连渤海，处于山海之间，故名山海关。有“天下第一关”“边郡之咽喉，京师之保障”之称。

嘉峪关，位于甘肃省嘉峪关市，是明长城的西端起点。始建于明洪武五年（1372年），修建历时168年，是万里长城最壮观的关城，号称“天下第一雄关”。曾被称为“河西咽喉”，因地势险要，建筑雄伟，有“连陲锁钥”之称。嘉峪关是古代“丝绸之路”的交通要塞。

近些年，关于长城的纪录片层出不穷，从不同角度解读了长城的历史、文化价值和保护状况等，如《大好河山》《长城长》《长城，我来了》《长城之歌》《我辈复登临》《长城：中国的故事》等。

2. 关东

先秦至宋代，关东主要指的是函谷关或潼关以东的地区。这一地区在战国时期是六国与秦国对峙的前沿，因此得名“关东”。

在唐代，关东有时也指洛阳。这是因为隋唐曾以洛阳为东都，相对于都城长安（今西安）而言，洛阳位于东方，故有此称。

明清时期，随着山海关的修筑和东北地区的开发，关东逐渐专指山海关以东的地区，即今天的辽宁、吉林、黑龙江三省。这一称谓在清代尤为普遍，如“闯关东”的历史事件就发生在这一时期。

二、关键历史事件

1. 明朝的建立和迁都

1351年，元朝爆发农民起义，起义迅速波及全国大部分地区，起义军将领朱元璋势力逐渐强大，统一了南方大部分地区。1368年，朱元璋称帝，定都应天府，国号大明，朱元璋是明太祖。同年，明军攻占大都，结束了元朝在全国的统治。

1398年，朱元璋去世，皇太孙朱允炆即位，号建文帝，建文帝一上位，就实施削藩。坐镇北平的燕王朱棣起兵反抗，挥师南下，史称“靖难之役”。1402年，朱棣攻入南京，登上皇位，即明成祖，朱允炆见大势已去，在皇宫内点了一把火后，下落不明。

1403年，朱棣改元永乐，改北平为北京，开始酝酿迁都。1421年，北京主体工程完成，正式迁都。

2. 确立内阁制

为了加强中央集权，明太祖进行了改革。地方机构方面，撤销了总管一省行政、司法和军政大权的行中书省，设立承宣布政使司、提刑按察使司和都指挥使司，分别管理地方民政、司法和军政，统称“三司”。

地方改革之后，地方的权力收归中央，丞相的职权扩增，使皇帝受到威胁，明太祖又废除了在中国历史上延续了1700多年的丞相制度，并撤销中书省。改由吏、户、礼、兵、刑、工六部分理朝政，直接对皇帝负责。

废除宰相之后，皇帝直接领导六部，工作压力倍增。明成祖在位时，选拔一些文官到皇宫的文渊阁充当秘书，从此一个常设的辅佐皇帝处理政务的秘书机构形成，称“内阁”。其官员称为某殿或某阁大学士。大学士的日常工作主要是替皇帝浏览奏章，草拟处理意见，称“票拟”。皇帝在票拟基础上，用红笔正式批复，称“批红”。明中后期，有的大学士深得皇帝信任，权力很大，被喻为宰相。

3. 土木堡之变

在土木堡之变前，瓦剌隶属于明朝的统治下，每年向明朝进贡。但后期随着使者增加，贡品质量下降，明朝给予的赏赐减少，导致瓦剌不满，最终决定叛变。1449年，瓦剌大举来犯，明英宗在宦官王振的怂恿下，不顾大臣们的劝谏，执意要带兵亲征。王振不懂带兵打仗，两军首次交战以失败告终，后王振决定退兵回朝，然而为了炫耀，王振选择经过其家乡蔚州，后又因担心大军损坏庄稼而改道，导致行军混乱。

当年8月，疲惫不堪的明军快抵达居庸关时，瓦剌突然发起进攻，明军先是派出两个部队前去阻击，结果惨败，此时兵部尚书邝埜提议撤到居庸关，王振坚持退往土木堡，最终酿成了“土木堡之变”，几十万大军全军覆没，明英宗也被瓦剌俘虏，此后，明朝开始由盛转衰。

趣味小知识：明朝的宦官专权

明朝建立后，为了加强皇权，废除了丞相制度，将国家大权集于皇帝一人之手。这种极端专制的中央集权为宦官专权提供了土壤。明朝多位皇帝，如明成祖、明宣宗等，都曾得到宦官的支持或依靠宦官来巩固皇权。他们对宦官的重用和信任，使得宦官在朝廷中的地位逐渐上升。

明朝设立了锦衣卫、东厂、西厂等特务机构，这些机构多由宦官掌控。宦官利用这些机构进行特务统治，监视百官和百姓的言行举止，对异己进行打压和迫害。宦官与朝臣的冲突不断升级，导致朝廷动荡不安，加速了明朝的灭亡。臭名昭著的太监有：魏忠贤、王振和刘瑾等。他们善溜须拍马，察言观色，祸国殃民，给明朝的政治、经济和社会带来极大的破坏。

4. 欧洲开启大航海时代

15 世纪末 16 世纪初的地理大发现使人类社会出现了前所未有的大变化。随着欧洲商品经济的发展和人口的增长，欧洲对东方商品（如香料、瓷器等）的需求量急剧增加。然而，传统的陆路贸易路线被奥斯曼帝国等势力控制，导致商品价格高昂且供应不稳定。因此，欧洲迫切需要寻找新的贸易路线和资源。

16 世纪初，西方国家以葡萄牙为先锋跨越重重大洋，终于来到东方海面。他们在东南亚及中国大陆东南海域的岛屿上建立贸易据点，展开激烈的贸易霸权争夺，全球化进程由此开始。

随着航海技术的进步，如指南针的应用、航海图的绘制、造船技术的提升等，为远洋航海提供了可能；欧洲国家为争夺势力范围、传播宗教等展开了激烈竞争，这些因素也推动了大航海时代的到来。随着新航线的开辟，欧洲国家与亚洲、非洲和美洲的联系日益紧密。新的贸易模式和商业路线兴起，推动了全球贸易格局的转变。宣告陆地帝国时代的终结和海上帝国时代的到来。

大航海时代开启了人类历史的新篇章，使原本独立的各个文明连成一体，同时，也引发了欧洲人的科技革命。中国加入了世界贸易体系，与世界经济产生了深刻的互动，这是此后中国社会巨变的一个重要变量，之后，中国国运的跌宕起伏都跟国际局势关系密切，引起了一系列社会巨变。

趣味小知识：主要航海家及其成就

迪亚士(1450—1500年),1487年,在葡萄牙王室的支持下,迪亚士率领船队沿着非洲西海岸向南航行,意外发现了非洲南端的好望角。这一发现为后来通往印度的航线奠定了基础。

哥伦布(1451—1506年)。1492年,在西班牙王室的支持下,哥伦布率领三艘船横渡大西洋,到达了今天美洲的古巴、海地等地。尽管哥伦布误以为自己到达了印度,但他的发现开辟了从欧洲到美洲的新航路。

达·伽马(1469—1524年),1497年,在葡萄牙王室的支持下,达·伽马率领船队绕过好望角,到达印度。这一航线的开辟极大地促进了欧洲与亚洲之间的贸易往来。

麦哲伦（1480—1521年）,1519年,麦哲伦率领船队从西班牙出发,穿越大西洋、太平洋和印度洋,完成了人类历史上第一次环球航行,他开辟了通往美洲西海岸和亚洲的新航线。

5. 张居正改革

明朝中后期,皇帝不理朝政,政治日益腐败,宦官专权,土地兼并之风严重,大批农民失去土地,流离失所,激发了严重的社会问题,引发了有识之士的改革。1572年,内阁首辅张居正开始改革。主要对策有:整顿吏治、节约开支、清丈土地、推行一条鞭法等。1581年,张居正下令将原来的赋税、杂税和徭役合并为一项,一概征收银两,取消力役,改由政府雇人应役,赋役形式由征收实物和力役改变为征收白银,标志着中国2000年以来以实物为主的财政体系向以白银货币为主的财政体系转型,有利于商品经济的发展。

改革十年,明朝吏治得到整顿,国家财政明显好转。社会矛盾相对缓和,国防力量得到加强。但1582年张居正死后，改革措施因贯彻不力，随之被废除。

6. 隆庆和议

隆庆之前，明朝与蒙古之间长期处于敌对状态，战争频繁。蒙古方面，特别是俺答汗领导的部落，因游牧经济的单一性，迫切需要中原的物资，多次尝试与明朝通贡、互市，往往因明朝的拒绝或限制而未能成功。明朝采取了一系列军事手段，如“烧荒”“捣巢”等应对蒙古的侵扰，双方关系紧张。

隆庆和议是明朝隆庆年间（1570年开始，经过一系列谈判，最终在万历元年全面实现，即1573年），在内阁大臣高拱、张居正等人的主持下，明朝成功把握住把汉那吉（俺答汗之孙）因家事争执而降明的机会，以此为契机，与蒙古进行谈判，明朝与蒙古达成了对俺答汗的封王、通贡和互市的协议。明朝封俺答为顺义王，开放十一处边境贸易口岸，使蒙古人能通过贸易获得中原的资源。

隆庆和议后，明朝与蒙古之间的关系显著改善，双方进入了长期的和平稳定时期。明朝的边疆政策也因此发生了转变，更加注重通过和平手段解决边疆问题。

7. 萨尔浒之战

1616年，努尔哈赤建立后金政权，并于两年后开始公开讨明，很快，辽东边境地区就相继失陷，明神宗任命杨镐为辽东经略，并同时出动大军讨伐后金，但由于粮饷不足，没有成功。

1619年，明神宗又集结了号称47万的大军，准备向辽东地区发起进攻，杨镐制定四路作战计划围剿后金，后金采取“凭你几路来，我只一路去”的集中兵力、各个击破的战略原则。两军在萨尔浒（今辽宁抚顺东大伙房水库附近）及附近地区开战，最终，明军四路皆输。萨尔浒之战后，后金在军事上取得了主动地位，为后来入主中原奠定了基础。明朝在军事上遭受重创，边防形势更加严峻，加速了其灭亡的进程。

8. 明末农民起义和明朝的灭亡

明朝后期，政治腐败，官吏贪赃枉法，土地高度集中，民族矛盾不断加剧，人民负担日益加重。1627 年，陕西省澄城县发动农民起义，揭开了明末农民起义的序幕。之后，各地农民纷纷响应，李自成、张献忠先后举起义旗。1640 年，李自成大军进入河南，自号“闯王”，1643 年，又攻克西安。同年，张献忠攻陷武昌，建立“大西”政权。1644 年年初，李自成在西安建立“大顺”政权，3 月，率大顺军攻占北京，明崇祯皇帝自缢于万岁山（今北京景山），明朝灭亡。

趣味小知识：冲冠一怒为红颜

清初诗人吴伟业的《圆圆曲》中，一句“恸哭六军俱缟素，冲冠一怒为红颜”，极为简练地描述了一段历史——吴三桂“冲冠一怒为红颜”的历史。

陈圆圆能歌善舞，色艺冠绝，时称“江南八艳”之一。1642 年，陈圆圆被田弘遇（崇祯帝的岳父）献给崇祯，其时战乱频仍，崇祯无心逸乐，陈圆圆又回到了田府。后来，吴三桂纳陈圆圆为妾。李自成攻占北京后，其手下刘宗敏掳走了陈圆圆，这直接激怒了吴三桂，他勃然大怒，厉声喊道：“大丈夫不能保一女子，何面目见人耶？”当即挥师第二次返回山海关，愤而降清，上演了一幕“冲冠一怒为红颜”，联合清军攻打李自成。这一举动救回了陈圆圆，还间接导致了清朝的入关和明朝的灭亡，对历史的进程产生了深远影响。

9. 满族的兴起和清朝的建立

女真是我国东北的古老民族，元代时分布在松花江下游、黑龙江流域至库页岛。元末明初，女真陆续南迁，分为建州女真、海西女真、野人女真三大部。

1616年，努尔哈赤在赫图阿拉城（今辽宁新宾满族自治县）称汗建国，国号称为“大金”，史称“后金”。后金对明展开了强大的攻势，数年间，攻占辽东70余城。1625年，努尔哈赤迁都沈阳。1626年，努尔哈赤病逝，皇太极继承汗位。1635年，清太宗皇太极改族名女真为“满洲”。1636年，皇太极称帝，改国号大金为“大清”。1644年，李自成占领北京后，驻守山海关的名将吴三桂降清，摄政王多尔衮率领八旗军入关，打败大顺农民军，占领北京。同年，清顺治帝迁都北京。

占领北京后，清军继续南下剿杀农民军，张献忠、李自成陆续在战争中牺牲。在南方，明朝的遗臣先后拥立皇族建立了小朝廷，史称“南明”。1662年，最后一个小朝廷也灭亡了，清朝实现了全国的大一统。

10. 平定三藩之乱

清初，为对付南明和其他反清势力，清廷封吴三桂、尚可喜、耿精忠三人为藩王，分别镇守云南、广东、福建。随着时间的推移，三藩势力逐渐扩大，对中央集权构成了威胁，且耗费国家大量钱粮，成为清廷的心腹大患。

康熙十二年（1673年）春，康熙帝作出撤藩的决定。同年11月，吴三桂首先叛乱，杀云南巡抚，提出“兴明讨虏”，将矛头指向朝廷。耿精忠、尚之信等相继举兵响应，战乱迅速波及多省，叛军占领了云南、贵州、广西、广东、四川、湖南、福建等省（区），几乎占据了中国的一半。康熙帝紧急调整部署，通过分化叛军和持续的军事压力，最终在1681年平息了这场叛乱。

这场战争从1673年持续到1681年，历时8年，结果是削弱了地方割据势力，加强了中央集权，维护了国家统一和稳定。

11. 军机处和理藩院的设立

雍正年间（1729年），雍正帝为处理西北紧急军务，在皇宫内设立军机处。由皇帝挑选亲信的满汉官员充任，军机处机构简单，有官无吏，办公场所只有几间值班用的平房。军机大臣品级不高，但由皇帝钦定，他们每日接受皇帝的召见，跪受笔录，然后负责传达给中央各部门和地方官员去执行。这样，军国大事全部由皇帝一人裁决，君主专制进一步加强。军机处在权力上是执政的最高国家机关，但在形式上始终处于临时机构的地位。

清朝在中央设置理藩院等，掌管蒙古族、藏族等少数民族事务，地位与六部相等。清朝统治者对于边疆地区采取因地制宜的政策，尊重各民族的社会习俗和宗教信仰，优待各族人士，取得了良好的统治效果。

趣味小知识：承德避暑山庄及周围寺庙

1994 年，承德避暑山庄及周围寺庙入选世界文化遗产。避暑山庄在清朝的政治生活中扮演了重要的角色，是清前期北京外的第二个政治中心，许多重要的政治、军事、民族和外交等大事均在此处理。外八庙作为清朝皇家藏传佛教寺庙群，在历史上曾接待过多位少数民族首领和宗教领袖。这些接待活动不仅促进了各民族间的文化交流和融合，也加强了中央与边疆地区的联系和团结。

外八庙中的普宁寺是宗教活动的中心，曾吸引蒙古族宗教领袖章嘉呼图克图和哲布尊丹巴呼图克图等人前来讲经。乾隆帝在普陀宗乘之庙接见回归的土尔扈特部首领渥巴锡一行，并举办大规模讲经祝寿活动。此外，须弥福寿之庙的修建，是为了接待六世班禅，体现了清朝对藏传佛教的重视，以及与西藏地方关系的加强。

项目三 内外交往

一、民族交往

1. 同蒙古、新疆地区关系加强

元灭后，草原上的蒙古人逐渐形成鞑靼、瓦剌两大集团，为防御他们南下，明重新修筑长城。瓦剌还曾经在一次战役中俘虏了明英宗。1571年，鞑靼首领俺答汗与明朝订立和议，接受明朝册封，双方恢复扩大贸易，直到明末基本维持和平。明朝末年，瓦剌被称为漠西蒙古，鞑靼分裂为漠北、漠南蒙古。

清军入关前，打败并收复了漠南蒙古，漠北和漠西蒙古也遣使进贡。17世纪后期，漠西蒙古准噶尔部的首领噶尔丹实力强大，占据天山南北，又向东进攻漠北和漠南蒙古。清军与噶尔丹及其后继者进行了长期斗争，最终在1757年将准噶尔部彻底击败。原来受准噶尔部统治的天山南路维吾尔贵族大、小和卓兄弟起兵反清，很快也被平定。清朝在蒙古地区设立盟、旗两级单位进行统治，任命蒙古王公为盟长、旗长。

1757年，清朝平定大小和卓叛乱后，于1762年在新疆设立伊犁将军，总理军政事务。

趣味小知识：18世纪最伟大的长征——土尔扈特西归

明后期，漠西蒙古的土尔扈特部西迁到伏尔加河流域。后来俄国向东扩张，土尔扈特受到俄国的控制和压迫。1771年，土尔扈特部首领渥巴锡率领部众东归，历时7个月，长达1万里的征程中，数次粉碎俄军的围追堵截，与前来接应的清军相遇时，近17万的大军，仅剩下66013人，他们风尘满面，形容枯槁，衣不遮体，鞋靴全无。

土尔扈特人东归被称为“18世纪最伟大的长征”。英国作家德坤比所说：“从有历史记录以来，没有一桩伟大的事业能像20世纪后半期一个主要的鞑靼民族跨越亚洲无垠的草原东返祖国那样，轰动于世界和激动人心了。”乾隆在承德避暑山庄热情接待了渥巴锡，拨出20万两白银和大量牛羊、布匹、粮食，将他们安置在绿草无边、静水如碧的伊犁河畔。内蒙古电影制片厂为此而拍摄了《东归英雄传》。（资料来源：《另一半中国史》）

2. 同西藏地区关系加强

明朝称西藏地区为乌思藏，明廷给僧俗首领法王、王等称号，并建立了行都指挥司等，管理西藏军民事务，任用上层人士进行管理。

顺治年间（1653年），西藏最有影响力的佛教格鲁派（黄教）领袖五世达赖来京朝贺，清政府册封以“达赖喇嘛”尊号，确立了达赖喇嘛的西藏佛教领袖地位。五世达赖朝觐，是清代西藏佛教领袖第一次到北京朝拜皇帝。得到朝廷的册封，标志着黄教取得了在西藏宗教中的统治地位。1713年，格鲁派领袖五世班禅在康熙时被赐予“班禅额尔德尼”。此后，历世达赖和班禅都要经中央政府册封。1727年起，清朝开始派驻藏大臣代表朝廷与达赖、班禅共同治理西藏。

按照格鲁派的教规，达赖和班禅的继承人，藏传佛教用灵童“转世”的办法确定，有时会同时出现几个灵童。为避免纷争，1792年，清朝的乾隆皇帝制定了“金瓶掣签制度”。此制度规定，由驻藏大臣主持，用满、汉、藏三种文字将几个灵童的姓名和生辰分别写在象牙签上，装入瓶内，由喇嘛诵经掣签决定，中签的灵童，经清政府批准后，才能成为新一代达赖、班禅。这项制度加强了清朝中央政府对达赖、班禅转世的监督和任授权力，实际上加强了清朝对西藏的管辖。

1793年，清政府颁布《钦定藏内善后章程》29条，以法律的形式明确落实中央政府对西藏的管辖事务。

趣味小知识：拉萨格鲁派三大寺

甘丹寺位于拉萨市拉萨河南岸的旺波日山上，是格鲁派六大寺之首，也是西藏建成最早的一座寺庙，1409年由格鲁派创始人宗喀巴开始创建。甘丹寺不仅是格鲁派的母寺，也是宗喀巴大师肉身灵塔的供奉地，宗教地位极高。其内保存有大量的珍贵文物，如宗喀巴大师的舍利子、鎏金铜佛、明清时期的唐卡等。

哲蚌寺位于拉萨市西郊约10公里的根培乌孜山南坡，由宗喀巴的弟子1416年创建。寺内不仅佛像众多，还藏有大量的精美唐卡、堆绣、壁画等名贵的艺术珍品。每年藏历六月末的雪顿节，哲蚌寺都会举行盛大的晒佛仪式，同时还有藏戏等节目表演，是拉萨极为盛大的景观之一。

色拉寺位于拉萨市北郊3公里处的色拉乌孜山麓，色拉寺是藏传佛教格鲁派六大主寺之一，与哲蚌寺、甘丹寺合称拉萨三大寺。色拉寺的辩经活动是其最具特色的宗教活动，寺院内供奉了很多佛像，还藏有大量的经书、精美唐卡、堆绣、壁画等名贵的艺术珍品。

3. 同西南、东南地区的关系加强

一是改土归流。明朝沿袭元朝在西南少数民族地区的土司制度，土司又称土官，指由当地民族首领世袭担任的宣慰使、知府、知州等职务。虽然土司承袭在形式上必须经过中央批准，并承担缴纳赋税，出兵助战等义务，但具有一定的割据性。自雍正时起，清政府在西南大规模推行“改土归流”政策，逐步取消土司世袭制度，任命有任期可调动的官员，随之进行户口清查，丈量土地、核实赋税等工作。

改土归流，加强了清政府对西南少数民族地区的统治，改变了当地落后闭塞和割据纷争的状态，促进了各民族间的交流，有利于统一的多民族国家的巩固和发展。

二是设置了台湾府。清康熙年间，清朝已经完成中原地区的统一，大规模的抗清斗争基本平息，此时郑成功已经病逝，郑氏政权沦为偏安一隅的割据势力。1683年，康熙命令福建水师提督施琅率军统一台湾。施琅一举攻占澎湖，安抚岛上居民和归降的正式官兵，同时，派人去台湾招降，台湾人心浮动，郑成功之孙郑克塽战败投降。1684年，清设台湾府，隶属福建省。

趣味小知识：中国的土司遗址

2015年7月4日，在第三十九届世界遗产大会上，中国的“中国土司遗产”成功列入世界文化遗产名录。中国土司遗产包括湖南永顺土司城遗址、贵州播州海龙屯遗址、湖北唐崖土司城遗址。现存的主要遗址类型包括土司城遗址、土司军事城址、土司官寨、土司衙署建筑群、土司庄园、土司家族墓葬群等。

湖南永顺土司城遗址，位于湘西土家族苗族自治州永顺县城东20余公里处，是南宋绍兴五年（1135年）至清雍正二年（1724年）永顺彭氏土司的政治、经济、军事、文化中心。

湖北唐崖土司城遗址，位于湖北省恩施土家族苗族自治州咸丰县唐崖镇，背靠玄武山，面临唐崖河。这个遗址始建于元朝至正十五年（1355年），废止于清雍正十三年（1735年），历时381年。

贵州播州海龙屯遗址，位于贵州省遵义老城北约15公里的龙岩山东麓。始建于1257年，毁于1600年。

土司遗址既是承载艺术匠心的建筑杰作，也是鲜活的历史书卷，让人们了解当时西南少数民族地区的生活状况、生产力水平等。这对于促进民族团结、文化交流和旅游发展有重要意义。

二、对外交往

1. 郑和下西洋

郑和下西洋是明代永乐、宣德年间的一场海上远航活动，首航始于永乐三年（1405 年），末次航行结束于宣德八年（1433 年），共计 7 次。这次远航访问了亚非 30 多个国家和地区，最远到达非洲东海岸和红海沿岸，比哥伦布发现新大陆（1492 年）早近 90 年。

郑和下西洋是世界历史上规模空前的远洋航行，在资金、装备、技术等方面大大领先于半个多世纪之后的欧洲远洋航海家的航行。但是，其主要目的是"耀兵异域，示中国富强"，给明朝带来了较大的财政负担，因此，后来未能持续。

趣味小知识：郑和下西洋为何不可持续

郑和下西洋主要是建立在封建国家强大国力基础之上的海上壮举，其目的主要是宣扬国威、进行朝贡贸易和展示明朝的富强。

这种以政治和外交为主要目的的航海活动，与西方新航路的开辟以追求商业利润最大化为目的的本质不同，因此，虽然郑和的船队设备先进，规模更大，欧洲船队规模更小，设备简陋，时间也比郑和下西洋更晚，结果依然是欧洲人的远洋贸易改变了世界格局，而郑和下西洋却因为耗费巨大，收益不显著等原因而最终未能持续下去。梁启超评价该事件为雄才大略的皇帝的自娱自乐。

2. 戚继光抗倭

元末明初，日本的海盗经常骚扰我国沿海地区，被称为“倭寇”。明洪武年间，海防松弛，东南沿海地区的一些奸商，勾引倭寇上岸，共同抢劫分赃。明中期以后，朝廷出于对日本经济封锁的目的，严禁海外贸易。东南沿海地区的一些海盗、奸商与倭寇相勾结，进行走私活动，出没沿海，烧杀抢掠，造成巨大破坏。1553 年，倭寇大举登陆，先后攻入上海、苏州、直达南京，明廷决心荡平倭寇。1555 年，戚继光从山东调任浙江参将，镇守宁波、绍兴、台州地区。他招募农民和矿工，经过严格训练，组建了一支以农民和矿工为主体的 4000 多人的新军，史称“戚家军”。这支军队纪律严明，骁勇善战，成为抗倭的主力。戚继光率领戚家军，在浙江台州九战九捷，荡平了浙江的倭寇。后来，他又率军开赴福建、广东，与俞大猷等率领的队伍并肩作战，连续重创倭寇。到 1566 年，东南沿海的倭患基本肃清。

3. 葡萄牙人租居澳门

明朝中后期，随着新航路的开辟，欧洲殖民者在沿海的活动日益频繁。1553 年，葡萄牙殖民者谎称商船遭遇风暴，希望借澳门曝晒货物，他们买通广东香山县的地方官，获得暂住权。他们上岸后，擅自盖房建屋，长期居住。1573 年，葡萄牙殖民者将贿赂地方官员的 500 两白银上交明朝政府，获准租居澳门。澳门被租住之后，明政府始终掌握着澳门的主权。

鸦片战争后，葡萄牙趁火打劫，1887 年，迫使清政府与之签订《中葡和好通商条约》，正式通过外交手段占领澳门。

4. 郑成功收复台湾

明末（1624 年），荷兰殖民者侵占我国宝岛台湾。清初，在东南沿海坚持抗清的郑成功，决心驱逐荷兰殖民者，收复台湾。1661 年，他率领战舰 300 多艘在台湾登陆，经过激烈战斗，打败了敌人。1662 年，荷兰殖民者被迫投降，沦陷了 38 年的台湾回到了祖国的怀抱，郑成功是我国历史上的民族英雄。

收复台湾之后，郑成功将军队分到各处去屯田、开荒。他还派人向少数民族传授汉族先进的农业技术，台湾大量的荒地得到开发。郑成功还积极发展商品生产。后来，台湾的制糖、晒盐等产业有了相当规模的发展。

趣味小知识：欧洲殖民者开始在亚洲殖民

16世纪初，随着新航路的开辟，葡萄牙和西班牙等欧洲殖民势力开始进入亚洲。葡萄牙殖民者先后在印度、马六甲、印度尼西亚、中国澳门等地开始殖民。

葡萄牙人麦哲伦率领西班牙船队开始了环球航行，于1521年到达了菲律宾。1571年，菲律宾建立了马尼拉城，作为在亚洲殖民的据点。17世纪开始，英国、荷兰和法国等欧洲国家也相继加入了对亚洲的殖民扩张。英国开始在印度殖民，逐渐控制了印度大部分地区。荷兰人在东南亚也建立了广泛的殖民帝国，占领了包括印度尼西亚在内的多个地区。法国则主要将殖民势力扩展到印度支那半岛（越南、老挝和柬埔寨）。

5. 雅克萨之战

沙皇俄国原是欧洲国家，同中国并不接壤。从16世纪后期起，俄国越过乌拉尔山逐渐向东扩张，侵占了西伯利亚。明清之际，清军主力入关，东北边界兵力一时空虚，俄国侵略者趁机抢占了我国的雅克萨和尼布楚等地。清政府一再要求俄国撤出中国领土。俄国不但置若罔闻，还不断扩大侵略，继续增兵，康熙决定亲自巡视东北，组织自卫反击战。

1685年和1686年，清军两次围攻盘踞在雅克萨的俄军，俄军伤亡惨重。被迫同意谈判解决中俄东段边疆问题。1689年，中俄代表在尼布楚谈判。经过协商，中俄签订了第一个边界条约《尼布楚条约》。划定了我国东部的边界，条约从法律上肯定了黑龙江、乌苏里江流域包括库页岛在内的广大地区都是中国领土。

项目四 社会经济与文化

一、社会经济

1. 农业的繁荣

随着新航路的开辟，明朝后期，一些新的农作物品种输入中国。其中，番薯和玉米由于高产，能适应干旱的气候，又可作为主食，得到了推广种植，大幅度提高了粮食产量。在清代，这些高产作物又进一步推广种植，使不适宜生长稻麦的贫瘠土地得到利用，粮食收成大幅提高。

明清时期，棉花、蚕桑、苎麻、茶叶、烟草、花卉、油料、药材等经济作物的种植面积扩大，出现了一些专业生产区域。如江苏的松江府是著名的棉产区；福建的漳州是著名的烟草产区；北京丰台草桥一带因种植花卉，被誉为“花乡”。

趣味小知识：那些外来的农作物

明朝时期，随着世界地理大发现和海上贸易的繁荣，许多外来农作物被引入中国。这不仅丰富了中国的农作物种类和饮食结构，还促进了人口增长、经济发展和社会进步。

玉米通过西班牙人传入中国，因其生长速度快、适应性强、产量高，很快在中国广泛种植。番薯通过东南亚传入中国，因其具有耐寒、耐旱、适应性强、生长速度快且产量高等特点，在中国南方广泛种植。马铃薯通过欧洲传教士传入中国，具有生长速度快、适应性强、营养价值高等特点，可用于食用和作为饲料。花生和辣椒都是通过海上贸易传入中国的。

除了上述五种主要的农作物外，明朝时期还引入了南瓜（原产于非洲）、向日葵（原产于美洲）、烟草（原产于美洲）、木瓜（原产于美洲）、番茄（原产于南美洲）等。

这些农作物适应性强、产量高，极大地缓解了粮食供应压力，为人口增长提供了重要保障。终于在清朝时期（1704 年），中国的人口总数首次突破了 1 亿大关。

2. 手工业的发展

明中叶后，纺织、制瓷、矿业中，民营手工业超过官营手工业。江西景德镇是著名的瓷都，明清时，青花瓷成为主流产品，图案更加精美。同时，彩瓷兴起，“康熙五彩”在国际上享有盛誉。

明朝全国的纺织业中心是松江，出现了大型的提花机，织出的布巧变百出，花色日新。明朝中期以后，一些手工业部门出现了一种新的经营方式——手工工场，使用雇佣工人进行大规模生产。类似的情况在南方的榨油、制瓷业、矿业和造纸行业也有出现，在清朝继续发展，它类似于西方资本主义生产关系的早期形态，不少学者称之为“资本主义萌芽”。

趣味小知识：瓷都景德镇

景德镇市位于江西东北部，紧邻安徽省，坐落在黄山、怀玉山余脉与鄱阳湖平原过渡地带。市内河川纵横交错，最长河流乐安河，全长 240 公里，向北汇入鄱阳湖。

景德镇在东晋时设镇，称“昌南”，唐天宝元年（742 年）更名“浮梁”，北赵恒景德元年（1004 年）定名“景德镇”，辖于浮梁县。1949 年，从浮梁县分出，置景德镇市。

景德镇以陶瓷产业著称，有2000多年的冶陶史、1000多年的官窑史、600多年的御窑史。景德镇生产的瓷器以“明如镜、薄如纸、声如磬”著称，因此，景德镇被誉为“瓷都”。景德镇陶瓷博物馆、古窑民俗博物馆等，收藏了大量珍贵的陶瓷文物。

景德镇市陶瓷大家云集，这里有一大批享受国务院政府特殊津贴专家，国家级工艺美术大师，高级工艺美术师和民间陶艺人等，再加上从事陶瓷行业的十多万大军，以及每年吸引过来创作交流的成千上万境内外陶瓷艺术家，堪称世界手工艺与民间艺术之都。陶溪川陶瓷文化创意园成了海内外艺术家、设计师和“景漂”创客的集中地。

3. 商业的繁荣

明朝后期，商品经济进入新的繁荣阶段。美洲等地的白银通过海外贸易大量涌入，促进了长途和大额贸易的发展，有利于商业资本的集聚。商业的持续繁荣使商人阶层日趋稳定，形成实力雄厚的商人群体，如安徽南部的徽商和山西的晋商。在工商业发达地区和交通要冲，兴起了一大批以经济功能为主的工业商镇，商业活跃，人口密集，成为地区贸易网络的核心。

明清继续实行专卖制度，垄断盐、茶等重要商品的经营，对民营商业不断加征商税，破坏了工商业的正当经营。明初，明太祖实行“海禁”，但沿海人民往往不顾禁令，私自出海贸易。到隆庆年间，明政府只得开放海禁，允许私人出海贸易，民间海外贸易迅速发展起来。中国的生丝、丝绸、瓷器等商品通过海上贸易大量输入到东南亚，并转运到美洲和欧洲，外国的白银滚滚流入中国，中国开始融入世界市场。清朝朝廷又实行海禁，不许人民“片板下海”，实行“闭关锁国”政策，中国与世隔绝，逐渐落后于世界潮流。

趣味小知识：徽商与徽文化

徽商起源于徽州，即今安徽黄山市、绩溪县及江西婺源县一带，早在东晋时期就有新安商人活动的记载。徽商在宋代开始活跃，到明代后期至清代初期达到全盛。这一时期，徽商不仅在国内商界称雄，还远涉重洋，将贸易拓展到日本、暹罗、东南亚及葡萄牙等地。

徽商深受儒家文化影响，注重商业道德和诚信经营，形成了独特的儒商文化。徽商致富后，多重视文化建设，捐资兴学，刻书藏书，培养子弟读书入仕，谋求政治地位的提高。徽商具有浓厚的宗法观念，衣锦还乡后常大兴土木，建楼院、祠堂，修路桥、会馆，以荣宗祖。徽商名人胡雪岩，不仅发迹致富，还以资助清廷、输款筹饷而功在边陲，被誉为“红顶商人”。

徽商的发达为徽文化的繁荣发展提供了经济基础。新安理学、徽派建筑、徽州雕刻、新安画派、新安医学、徽剧等，不仅在中国传统文化中占有重要地位，而且对现代社会也有着深远的影响。

4. 社会生活

明代饮食方面变化不大，清代上层社会讲究吃满汉全席。满汉全席，就是保留了汉族固有的山珍海味，再加上满族习惯的烧烤风味，如烤全羊、烤乳猪。平民食用的糕点中，出现了“萨其玛”“蜜供”等品种。“萨其玛”是满族“糖糕”的发音，蜜供是以酥油、白面、蜜糖煎制的果条，堆成塔形，是藏传佛教供佛的食品。

二、文化

1. 科学与技术

明朝医学家李时珍出生于医生世家。他行医的时候，到各地采集药物标本进行实验，写出了药物学巨著《本草纲目》。这本书被称为“东方医药巨典”。

明末科学家徐光启在农业和水利方面贡献突出，他编著的《农政全书》涉及内容丰富，介绍了我国传统农学的成就，建立了完整的农学体系，还介绍了欧洲先进的水利技术和工具。

明末科学家宋应星编著的《天工开物》总结了当时我国农业和手工业生产技术，被誉为“中国17世纪工艺百科全书”，书中还收录了一些国外的技术。

明末的徐霞客，是杰出的探险家、地理学家，游历过许多地方，写成《徐霞客游记》。书中对地理、水文、地质和植物进行了考察和记录。徐霞客在书中还提出金沙江是长江的正源，纠正了前代地理学著作认为岷江是长江的正源的错误认识。

趣味小知识：徐霞客及《徐霞客游记》

徐霞客（1587—1641年），原名徐弘祖，号霞客，今江苏省江阴市人，明代地理学家、旅行家和文学家，徐霞客一生足迹遍及今21个省、自治区、直辖市，“达人所之未达，探人所之未知”，他经30年考察撰写了60万字的地理名著《徐霞客游记》，被称为“千古奇人”。

《徐霞客游记》记录了1613—1639年旅行观察所得，对地理、水文、地质、植物等现象，均做了详细记录。他查明黄河上游的主流是发源于昆仑山北麓的扎曲河。他还对许多河流的源流进行了探寻，如广西的左右江、云南的南北盘江、湘江支流潇水、湘水等。徐霞客还提出了金沙江是长江上源的新见解。

1616年，徐霞客来到黄山，发出赞叹：“薄海内外之名山，无如徽之黄山，登黄山，天下无山，观止矣！”被后人引申为“五岳归来不看山，黄山归来不看岳”。

《徐霞客游记》的开篇日是5月19日。这一天后来被选定为“中国旅游日”，以纪念徐霞客的旅行精神。

2. 文学

（1）小说。

明清时期，伴随着城市经济的发展，市民阶层扩大，市民文学兴起。明代的《三国演义》《水浒传》《西游记》和清代的《红楼梦》四部长篇小说最为著名。这四部书是中国文学的瑰宝，也是世界文学珍品。文言短篇小说《聊斋志异》和讽刺小说《儒林外史》也是脍炙人口的作品。

（2）文化总结。

明清时期，是中国古代文化的总结时期。明成祖时，解缙主持编纂了一部庞大的类书《永乐大典》，全书两万余卷，编入七八千种图书，装订成1.1万多册。1900年，八国联军攻占北京，《永乐大典》惨遭浩劫，或被烧毁，或被抢走，所剩寥寥无几。清前期，统治者非常重视搜求、整理和编纂图书。从康熙到乾隆编纂的书籍，内容广泛，门类齐全，规模超过前代。其中，《四库全书》是在乾隆主持下，由纪昀等编纂而成。分为经、史、子、集四大类，收录典籍3400多种，装成3.6万余册，7.7亿多字，囊括了清中叶以前所有的文献典籍，堪称前所未有的巨大文化工程，对我国古代文化传承具有重要价值。

趣味知识：《西游记》与文化自信

《西游记》作为中国古代四大名著之一，其丰富的故事内容和深厚的文化底蕴为众多影视作品提供了灵感，与《西游记》有关的影视作品也是四大名著里最丰富的，如电视剧《西游记》，电影《大话西游》《西游·伏妖篇》《西游·降魔篇》等，动画电影《大闹天宫》《西游记之大圣归来》等。

2024 年 8 月 20 日上线的《黑神话：悟空》游戏，是中国首款 3A 游戏，游戏以国际化的制作水准展示了中国文化的魅力，打破了西方主导的游戏叙事模式，用游戏讲述中国故事。游戏刻画了丰富的民俗风情、地域景观与人文景观，36 处取景地中，山西取景达 27 处，对于山西的旅游业发展有极大的推动作用。

《西游记》在全球具有广泛的影响力，被翻译成多种语言并在世界各地传播。这种跨文化传播不仅促进了不同文化之间的交流，也为中国文化走向世界提供了契机。

3. 艺术

明朝时，戏曲欣赏成为城乡人民重要的文化生活内容。江苏昆山一带的昆曲流传很广，明汤显祖创作的《牡丹亭》是昆曲的代表作。

乾隆年间，徽商组织南方的徽班来京献艺，徽班的唱词通俗易懂，唱调高亢爽朗，赢得了观众的喜爱，一时誉满京城。后来，这种戏剧不断融合昆曲、秦腔、京调、汉调等地方戏，在道光年间逐渐形成了一个新剧种，这就是后来的“京剧”。京剧继承了中国古代戏曲歌舞并重的传统，是将唱、念、做、打有机结合起来的独具特色的表演艺术。

趣味小知识：京剧

京剧是中国国粹之一，也是中国影响力最大的戏曲剧种，是人类非物质文化遗产项目。京剧以二簧（也作“二黄”）、西皮为主要声腔，主要表演手法是唱、念、做、打，京剧的主要角色分为生、旦、净、丑四种，历史上最知名的“京剧四大名旦”是梅兰芳、程砚秋、荀慧生、尚小云。

京剧的经典剧目有《借东风》《贵妃醉酒》《空城计》《霸王别姬》等，均取材于历史或名著，展示了人物的智勇、情感纠葛等，深受观众喜爱，是京剧艺术的瑰宝。

项目五 社会现象

一、哲学思想的发展

明朝前期，理学盛行。到明朝中期，社会动荡不安，统治陷入危机，心学思潮兴起，认为人们与其读书穷理，不如求之于本心。王阳明更是深感“破山中贼易，破心中贼难”，认为天理存在于人们心中，“心”即“理”。他主张通过“内心反省”，克服“私欲”，以“致良知”，恢复内心固有的天理即伦理道德，认为这样社会就能安定，明朝的统治便可长治久安。

明中后期，以“异端”自居的思想家李贽指责儒家经典并非“万世之至论”，否定孔子“天生是圣人”。强调人的正当私欲，人不能脱离基本的物质生活空谈仁义道德。反映了还在形成中的市民意识，具有反封建的启蒙作用。

明末清初社会的剧烈动荡，促进了思想界的活跃。黄宗羲严厉批评了君主专制制度，称专制帝王是“天下之大害”。他提倡法治，反对人治，反对重农抑商，提出工商皆本的主张。

顾炎武主张走出家门到实践中求真知，力求解决关乎国民生计的现实问题。顾炎武脚踏实地的学风对清代学者影响很大。他认为“保天下者，匹夫之贱与有责焉”，后人概括其思想为“天下兴亡，匹夫有责”。

二、八股文与文字狱

1. 八股文

明朝继续采用科举制度选拔官员，为了使考官判卷有客观的标准，明政府规定科举考试只能在四书五经范围内出题，考生只许根据固定的观点答题。答卷的文体必须分成8个部分，后4个部分要有两股相互排比的文字，称八股文。考官评判可减少主观成分。但许多读书人为了中举，只顾埋头读书，钻研八股，思想受到束缚，很难具备治国理政的真实才干。

2. 文字狱

文字狱历来有之，汉代，司马迁的外孙杨恽因文字获罪被腰斩，北宋时期的"乌台诗案"也属此情况。到了明清时期，文字狱牵涉人员之多，惨烈程度之巨，历时之久，达到了顶峰。最为出名的有明太祖朱元璋时期的胡惟庸案和蓝玉案。清时有顺治时期的庄廷鑨《明史》案，雍正时期的查嗣庭试题案、乾隆时期的胡中藻《坚磨生诗钞》案等。文字狱禁锢了人们的思想，败坏了官场风气，摧毁了社会的活力和创新力。

趣味小知识：清风不识字案件

文字狱发展到后来，对诗词造句吹毛求疵，牵强附会，达到了极其荒谬的程度。有一次，徐述夔夏天在晒书时风吹书页，愤然道："清风不识字，何必乱翻书！"他的言行后来遭到举报，乾隆皇帝大怒，下令将已死的徐述夔和其子剖棺戮尸，其孙子、校编诗集者均被处死，还有一批官员被革职。清朝的文字狱，君主专制的淫威笼罩了知识界，严重摧残了文化。

三、人口大迁徙

1. 山西洪洞大槐树移民

明初，为了恢复生产、发展经济，朱元璋采取了移民政策。当时，山东、河南、河北一带因战乱、黄河泛滥而人口稀少，土地荒芜。而山西因为地形优势，战乱较少，老百姓安居乐业，于是明廷下令从山西的平阳、潞州、泽州等地，经洪洞县的大槐树处迁往河南、河北、山东等地。至今，这一带还流传着"问我祖先在何处，山西洪洞大槐树"的歌谣。

2. 湖广填四川

明末清初，四川经历了长期的战乱和自然灾害，特别是张献忠起义和清军入川后的屠杀，导致其人口急剧减少。清政府下令从湖北、湖南、广东和福建等省遣大量移民入四川，史称"湖广填四川"。湖广（湖南、湖北）人数最多，广东、福建客家人次之。移民们带来了先进的农业技术和生产经验，促进了四川农业的恢复和发展，四川成都的宽窄巷子、锦里等随处可见多元文化的融合。

3. 闯关东

东北与中原地区被长城隔开，关内百姓（山东、河北、直隶等）进入关外大多只能走山海关东门，因此，人们把关外地区叫作关东。早期的满洲统治者禁止关内的汉人进入关外。进入关外要越过长城，突破封锁，因此有了"闯关东"。

闯关东可以追溯到清中期，在清末民初时期达到顶峰。这一时期，黄河泛滥、北方大旱以及连年战争导致北方居民生活困苦，他们被迫离开家乡，前往富饶的东北地区。闯关东的人口规模巨大，以山东人为主，也有河北、山西等地的移民。

到达东北地区的移民生活艰难，但他们凭借勤劳和智慧在东北站稳脚跟，为当地的经济和社会发展做出了巨大贡献，不仅增加了东北地区的人口，还促进了东北地区的繁荣。电视剧《闯关东》便是这段岁月的缩影。

4. 走西口

“走西口”主要发生在明朝中期至民国初年，历时400余年。在这一漫长的历史时期中，无数山西人（部分陕西人、河北人）背井离乡，通过长城的关口（尤其是山西的杀虎口）进入蒙古草原，谋求生存与发展。

山西人“走西口”的原因一是自然灾害引起的饥荒和贫困，二是经济利益的驱动，蒙汉之间的贸易往来为山西商人提供了巨大的商机，晋商也随之崛起为明清时期的知名商帮，留下了丰富的商业遗产和建筑遗产，如乔家大院、常家庄园等。电视剧《乔家大院》展现了晋商文化的精髓和内涵。

趣味小知识：《又见平遥》

山西省大型情境体验剧《又见平遥》由导演王潮歌执导，是“又见系列演艺项目”在中国北方地区的第一个作品。采用实景演艺的方式，将观众带到特定的历史场景中，让观众身临其境地感受平遥古城的魅力。

《又见平遥》讲述了一个关于血脉传承、生生不息的故事。整部大剧通过“镖师洗浴”“灵魂回家”“大院选妻”“面舞”等精彩片段，以创新的“行走式”观演模式、“穿越感”的情境体验，带游客沉浸式感受平遥人的仁德、山西人的道义，深刻领悟晋商精神。

2023年，《又见平遥》入选全国沉浸式文旅新业态示范案例，是山西旅游演艺的标杆。

5. 下南洋

清朝时期的“下南洋”是指中国东南沿海地区的居民，特别是福建、广东一带的百姓，因多种原因前往东南亚地区（即南洋，包括今新加坡、马来西亚、印度尼西亚等东南亚 11 国）谋生或定居的移民潮。

17 世纪以来，西方殖民势力进入远东，荷兰、西班牙、葡萄牙等国开发东南亚，劳动力需求大，于是把眼光投向人口众多的中国，推出优惠政策吸引华人。闽粤自古便是海上贸易、对外移民活跃的地区，又加上闽粤人多地少，经济落后，生存艰难，于是，大量华人移居东南亚，缓解了中国国内的人口压力，极大地推动了东南亚各国经济的发展。

趣味小知识：世界文化遗产——开平碉楼

开平碉楼位于广东省江门市的开平市，它的建设者是早期留洋的华工和华侨。开平碉楼是中国乡土建筑的特殊类型，是一种集防卫、居住和中西建筑艺术于一体的多层塔楼式建筑。其特色是中西合璧的民居，有古希腊、古罗马等多种风格。“无碉楼不成村”是广东开平人对自己家乡记忆的概括，这些碉楼的形成归根于中国人叶落归根的情怀。

2007 年，“开平碉楼与村落”正式列入《世界遗产名录》，中国由此诞生了首个有关华侨文化的世界遗产项目。

四、西学东渐

明末清初，以利玛窦为代表的耶稣会传教士来华，带来了西方的科技、文化和宗教。他们通过翻译西方著作、建立学校、医院等方式传播西学，赢得了一些开明士大夫的好感。他向明朝皇帝进献《坤舆万国全图》、八音琴、自鸣钟等，并获批准在北京传教。后来，又有一批传教士来华，他们和利玛窦一起把西方的天文、数学、地理、绘画、音乐等方面的著作介绍给中国，又把中国的儒学介绍给西方，为中西文化交流做出了贡献。以徐光启为代表的开明士大夫积极引进西学及一些西方的科学技术书籍，邀请传教士来华，为中国的科学技术发展注入新的生机。

到清顺治、康熙年间，西方传教士纷纷来华，康熙帝重用传教士南怀仁，修订历法，铸造炮火。天主教在中国发展很快，后来，罗马教皇颁布谕旨：不准中国教徒敬天、祭孔、祭祖，一些来华传教士又企图干涉中国内政。1723年，雍正帝下令禁止传教，西学东渐的势头逐渐衰落下去。

趣味小知识：上海徐家汇——西学东渐的窗口

徐家汇的形成可以上溯至明代，徐光启曾在此从事农业实验和著书立说，1641年，徐光启去世后葬在这里，徐氏后裔在这里结庐守墓，后来逐渐成为集镇，因为地处肇嘉浜、蒲汇塘和法华泾三条河流汇合处，所以得名徐家汇。

鸦片战争后，天主教再次传入上海，第一批传教士在青浦建立修院，后来迁到徐家汇。传教士不仅传播宗教信仰，还传播人文和科学知识，对上海的科技、教育发展做出了贡献。徐家汇是西学东渐和中西方文化交融的源头和窗口。徐光启和利玛窦联合开启了"东学西渐，西学东传"的源头。这里的光启公园、光启纪念馆、徐家汇天主堂、土山湾博物馆、气象博物馆等都是"西学东渐"的见证。

项目六 文化旅游资源

一、世界文化遗产

1. 明清皇宫

明清皇宫，包括北京故宫与沈阳故宫，是位于北京和沈阳的古代皇宫建筑群，见证了明清两朝五百多年的历史。1987 年，北京故宫被列为世界文化遗产。2004 年，沈阳故宫也被列为世界文化遗产，与北京故宫合并，合称“明清皇宫”。

（1）故宫博物院。

故宫博物院旧称紫禁城，占地面积约 72 万平方米，是世界上现存规模最大、保存最完整的古代宫殿建筑群。明永乐四年（1406 年），明成祖朱棣决定迁都北京，下令在元大都的基础上营建新皇宫，即紫禁城。紫禁城的建造历时 14 年，至永乐十八年（1420 年）竣工。自永乐皇帝起，紫禁城成为明朝皇帝的居所和办公地点。1644 年，清军入关后，紫禁城成为清朝的皇宫，继续发挥其政治和文化中心的作用。随着清朝末年的社会动荡和西方列强的入侵，紫禁城逐渐失去了其作为皇宫的原有功能。辛亥革命后，清朝末代皇帝溥仪宣布退位，紫禁城被正式改为故宫博物院，对外开放。

故宫是中国古代宫城发展的最高典范，是中国古代社会的礼制文化和宫廷文化发展的见证；它传承和凝练了轴线布局、中心对称、前朝后寝等中国古代城市规划和宫城建设的传统；它的宫殿建筑技术与艺术对清朝 300 年间的中国官式建筑产生了广泛影响；它的宗教建筑见证了 14 世纪后满、汉、蒙、藏等民族在建筑艺术上的融汇与交流；它的上百万件皇家藏品、皇家生活用具，以及大量古代工程技术的文字、图纸等材料，见证了明清时期的宫廷文化和典章制度。

（2）沈阳故宫博物院。

沈阳故宫博物院位于辽宁省沈阳市中心，其建筑风格融合了汉、满、蒙等多种元素，是清王朝在中国东北地区创立和发展的见证，后成为北京故宫的附属皇宫建筑。沈阳故宫以满族独特的社会组织“八旗”制度为依据进行建筑布局，在世界宫殿建筑中独树一帜。

1625 年为努尔哈赤时期，清朝在沈阳旧城中心建造皇宫，即沈阳故宫的雏形。皇太极继位后，扩建了沈阳故宫，形成了今日沈阳故宫中路建筑的主体和早期风貌。清入关后，沈阳故宫虽不再是皇帝的常住地，但仍是清朝的陪都宫殿和皇家行宫。辛亥革命后，清朝灭亡，沈阳故宫逐渐失去了其原有的政治功能。

中华人民共和国成立后，沈阳故宫被列为国家重点文物保护单位，进行了大规模的修缮和整理工作。如今，沈阳故宫已成为一个重要的旅游景点和文化遗产保护基地，向公众开放展示其丰富的历史文化遗产。

2. 拉萨布达拉宫历史建筑群

布达拉宫历史建筑群由布达拉宫、大昭寺、罗布林卡三部分组成。布达拉宫位于山岩之上，按佛教坛城布局设计建造，总面积 13802 平方米，宫殿高 115.703 米。大昭寺总面积为 133 公顷，包括八廓街历史文化街区和老城区。罗布林卡由格桑颇章、金色颇章等几组宫殿建筑组成，占地面积约 36 公顷。

（1）布达拉宫。

布达拉宫是西藏地区现存规模最大、最完整的古代宫堡式建筑群，集中体现了藏民族传统的土、石、木结构和碉楼形式。布达拉宫始建于公元 7 世纪，由吐蕃第 33 代赞普松赞干布主持兴建。9 世纪后，由于战乱、火灾、雷电等原因，布达拉宫遭到严重破坏，被弃于一隅。17 世纪，五世达赖喇嘛在清政府的扶持下，重建布达拉宫并把它作为西藏地方政教中心。此后，布达拉宫又经历逐步扩建，直至 20 世纪 30 年代，形成了今天的格局。

布达拉宫建造跨越 13 个世纪，各个时期的建筑及所藏文物体现了我国各民族之间政治、经济、文化等方面的交往与交融。特别是在 17 世纪扩建布达拉宫时，藏汉等多民族工匠参与其中，吸收了多民族的优秀传统文化技艺。大量宫藏文物，尤其是明清时期以来历朝皇帝赐予的经卷、唐卡、造像、丝织品，册封诏书和告示，任命西藏地方各级官吏的印玺，以及御赐的匾额、牌位等，证明了西藏自古以来就是中国不可分割的一部分。

布达拉宫历史建筑群的宏大规模和艺术价值，代表了西藏建筑的最高成就，是政教合一建筑的杰出典范。

（2）大昭寺。

大昭寺，位于拉萨市城关区八廓西街2号，包括八廓街历史文化街区和老城区，是一座藏传佛教寺院，藏语名为“觉康”，意为佛殿。它始建于7世纪吐蕃王朝的鼎盛时期，由藏王松赞干布建造，已有1300多年的历史。

大昭寺不仅是西藏现存最辉煌的吐蕃时期建筑，也是西藏最早的土木结构建筑。寺庙最初称为“惹萨”，后来成为城市的名称，并演化为现今的“拉萨”。大昭寺内主供文成公主带来的12岁等身释迦牟尼如意像，对于传播弘扬佛教、促进佛教在西藏的发展起了重要作用。

（3）罗布林卡。

罗布林卡，藏语意为“宝贝园林”，是位于西藏拉萨市西郊的一座大型宫廷式园林，也是历代达赖喇嘛的夏宫。这座园林始建于1751年，七世达赖喇嘛时开始修建，至今已有270年的历史。罗布林卡与宗教和政治事务紧密关联，用于禅修和签署政治协议的场所。罗布林卡体现了藏民族园林、建筑、绘画、雕塑等方面的艺术成就，也体现着汉文化和其他民族文化的影响，是西藏最有特色的集园林与宫殿建筑为一体的别墅式园林，是西藏规模最大、营造最精美的园林。

3. 明清皇家陵寝

明清皇家陵寝是指建于明清时期的皇家陵寝建筑群，是14—20世纪中国历史上最后两个王朝（明、清）文化和建筑传统的见证。2000年，明显陵、清东陵、清西陵被列入《世界遗产名录》；明十三陵、明孝陵于2003年，盛京三陵（清永陵、清福陵、清昭陵）于2004年分别被列入《世界遗产名录》。

明清皇家陵寝的建设始于1366年，明朝开国皇帝朱元璋对陵寝制度作了改革，他将地上的封土堆由以前的覆斗式方形改为圆形或长圆形，又取消寝宫，扩大了祭殿建筑。清代沿袭明代制度，更加注重陵园与周围山川形胜的结合，在典礼规制上更加完备。

明清皇家陵寝依照风水理论，精心选址，是中国古代陵寝制度的集大成者，阐释了封建国家持续500余年的世界观与权力观。明清皇家陵寝体现了中国封建社会的最高丧葬制度和封建社会的宇宙观、生死观、道德观。这些陵寝不仅是帝王权力的象征，也是中国古代建筑艺术的瑰宝。

明清皇家陵寝中的建筑布局、装饰风格以及石刻艺术都达到了极高的水平。例如，朱元璋的陵墓明孝陵，其在建制和布局上较以往各朝有许多创新，对后世明清诸陵产生了重要影响。明十三陵则以宏伟的建筑规模和精美的石刻艺术而闻名。

4. 皖南古村落——西递、宏村

西递、宏村分别位于安徽省黄山市黟县的东南部和北部，分别始建于1047年和1131年。

（1）西递。

西递村始建于北宋（1047年），发展于明景泰中叶，鼎盛于清初的康熙、雍正时期，距今已有960年历史。西递旧称西溪、西川，取村中三条溪水由东向西流之意，后因村之三华里处为徽州府西古驿过道，设有“铺递所”而改称西递。保留着明清古民居300余幢，其中，保存完整的124幢，有“桃花源里人家”之称。

村中村民大多姓胡，远祖是唐太宗李世民，其十二代孙子唐昭宗因朱温叛乱被杀，其幼子被义祖胡三公带往徽州婺源，取名胡昌翼，直到他考取后唐明经科进士，才告知其身世。昌翼公从此放弃功名，潜心研究经学，并教诲儿孙不得复宗重新姓李，以示感恩铭德。其第五代孙子胡仕良，因公赴金陵（南京），途经西递，深爱这块风水宝地，于1047年举家迁来西递居住，从此代代在此繁衍生息下来。

西递村既有古徽州精湛的“三雕”建筑艺术，又有浓郁内涵的人文景观，形成了底蕴深厚的徽州地域文化的显著特征。

（2）宏村。

宏村位于安徽省黄山市黟县宏村镇，始建于南宋绍兴元年（1131年），历经宋、元、明、清等朝代的变迁，形成了今天的规模和布局。明清时期，宏村达到了鼎盛，保存了大量明清时期的民居建筑，成为研究中国古代建筑、水利、历史和文化的重要实物资料。

宏村占地面积 19.11 公顷，以其独特的“牛形村落”布局和徽式建筑而闻名于世。整个村庄从高处看，宛若一头斜卧在山前溪边的青牛，雷岗山为牛首，参天古木为牛角，民居为牛躯，水圳为牛肠，月沼为牛胃，南湖为牛肚，河溪上架起的四座桥梁作为牛腿，这种布局极具创意和美感，有“画里乡村”之称。

西递、宏村以商业经济为基础，以家族为单位，极具地方文化特色的传统古村落。村落的整体布局、山水田园景观、建筑形式、用材、装饰等体现了天人合一、人与自然和谐的理想；建筑色彩朴素淡雅，山墙造型别具一格，装饰雕刻精致优美，室内陈设古朴雅致，展现了徽州建筑典雅精美的艺术风格；村落宗法制度管理森严，反映了古代社会士族阶层尊儒重教的文化思想。

5. 颐和园

颐和园位于北京市西北部，始建于 1750 年，是以万寿山、昆明湖及诸多宫苑建筑为主体的大型皇家园林，属清代“三山五园”之一（即“清漪园”）。园内总面积约 300.8 公顷，水面约占四分之三，现存各式宫殿、园林古建筑面积约 7 公顷，收藏文物 4 万余件，古树名木 2000 余株。

颐和园的知名景观有长廊、昆明湖与十七孔桥、万寿山与佛香阁等。

颐和园是中国现存最完整的皇家园林，也是北京古都风貌的重要组成部分和标志性人文景观之一。它以卓越的规划和精美的建筑完美诠释了古代中国关于人与自然和谐统一的哲学思想、美学观念以及工艺造诣，显示了中国古代皇家宫廷对居住、游览、治国、修心等生活环境的物质和精神需求。

颐和园是中国几千年南北各地园林景观艺术融会贯通的集大成之作，对东方园林艺术文化产生了重要影响。

如今，颐和园紧跟数字时代潮流，引入智能导览系统，通过 AR、VR 等技术为游客提供沉浸式体验；利用数字化手段展示和保护文物；积极参与国际交流与合作项目，通过举办国际展览、学术交流等，推动颐和园文化在国际上的传播和交流。

6. 天坛

天坛位于北京市东城区永定门内大街东侧，天坛公园的管理面积是201公顷。除祈年殿、圜丘等古建筑外，还有长廊、七星石、古柏林等景观。天坛是世界上现存最大的古代祭天建筑群。坛域北呈圆形，南为方形，寓意“天圆地方”。

天坛始建于明永乐十八年（1420年），初名为“天地坛”，是明、清两代皇帝祭祀天地之神的地方。明嘉靖九年（1530年）在北京北郊另建祭祀地神的地坛，此处成为专为祭祀上天和祈求丰收的场所，并改名为“天坛”。天坛在建筑设计和营造上集明清建筑技术、艺术之大成，是研究古代建筑艺术和园林景观设计的实物，是中国祭祀建筑的杰出范例，极具科学价值。天坛成功地把古人对“天”的认识、“天人关系”以及对上苍的愿望表现得淋漓尽致。

天坛的建筑布局和设计反映了中国古代的宇宙观和哲学思想，对于后世的建筑、艺术和文化都产生了深远的影响。1998年，天坛被认定为“世界文化遗产”。

7. 苏州古典园林

苏州古典园林位于江苏省苏州市境内，是中国古典园林的代表。优美的自然环境，发达的社会经济，兴盛的文化艺术，为苏州风景园林的兴盛提供了物质基础和得天独厚的资源。

苏州古典园林的历史可以上溯到公元前6世纪的吴王苑囿，公元4世纪出现私家园林，18世纪达到鼎盛。现存的苏州古典园林有50余处。建造于11—19世纪的9处古典园林诠释了中国古代文人士大夫的隐逸文化、美学思想与城市人居环境的和谐统一。

苏州古典园林的历代造园者在有限的空间里，因地制宜、模拟自然，运用高超的叠山理水、花木栽植、建筑配置等造园手法，组建成丰富多彩、小中见大的空间布局，创造出精致典雅、诗情画意的中国写意山水园林景观艺术奇迹，体现了中国古代造园家的高超技艺和卓越智慧。

苏州古典园林取法自然而又超越自然的设计理念，影响着东西方园林的发展；园内的各式建筑、假山石峰、书法作品以及各类型的家具、装饰艺术品等，系统地展示了古代中国江南地区高超的艺术成就，折射出中国文化中的精髓和内涵。

1997年和2000年，以拙政园、留园、狮子林、沧浪亭和网师园等9个为典型例证的苏州古典园林被列入《世界遗产名录》。

8. 平遥古城和丽江古城

（1）平遥古城。

平遥古城位于山西省中部，整个保护区包括“一城两寺”，即平遥古城以及位于城郊的镇国寺和双林寺。

平遥古城始建于西周时期，明清时期，平遥古城经历了显著的繁荣。明洪武三年（1370年），平遥古城进行了重建和扩修，城池规模更加宏大，形成了现今的规模和格局。这一时期，平遥古城商业发达，票号业尤为兴盛，成为中国北方的金融中心。道光三年（1823年），中国第一家票号——日升昌在古城西大街成立，此后票号增至20多家，平遥古城成为全国金融中心。

平遥古城是由古城墙、古店铺、古街道、古寺庙、古民居等共同组成的一个庞大的建筑群，整座城池对称布局，特色鲜明。

平遥古城商业金融曾经繁荣一时，是近代银行业发展的历史见证。同时，古城历史风貌保存完整，文物遗存丰富、文化积淀深厚，是中国汉民族城市在明清时期的杰出范例，在中国历史的发展中为人们展示了一幅非同寻常的文化、经济、社会及宗教发展的完整画卷，平遥古城于1997年被列为世界文化遗产。

（2）丽江古城。

丽江古城坐落于玉龙雪山下，海拔2410米。丽江古城建于宋末元初，盛于明清，迄今已有800余年历史。明代，土司制度的确立、巩固和完善，使得丽江古城进入其发展历史上的第一个辉煌时期。清朝，随着农业生产力的提高和手工业的发展，丽江古城逐步发展成为商业中心。

古城由大研古城（俗称丽江古城）、白沙民居建筑群、束河民居建筑群三部分组成，是一座风景秀丽、历史悠久、文化灿烂、保存完好的少数民族古城。木府（木氏土司府衙署）是丽江古城的标志性建筑之一，充分反映了明代中原建筑的风采，同时保留了唐宋中原建筑古朴粗犷的流风余韵。万古楼是丽江的标志性建筑。丽江古城是纳西族聚居地，具有独特的纳西族文化。

丽江古城依山傍水而建，古城周围群山环抱，坝子北部的玉龙雪山终年积雪，气势雄浑，坝子内河流、泉、潭形成丰富的水系。鲜活的城市空间，充满生命力的水系，风格协调的建筑群体，亲切宜人的居住环境，以及独具风格的民族艺术内容，集中体现了特定历史条件下城镇建设中人类的创造精神，是人居环境的典范。丽江古城于1997年12月被列为世界文化遗产。

二、历史文化名城

明清时期，全国出现了几十座较大的商业城市，北京和南京是全国性商业城市，汇集了四面八方的特产，商品经济向农村延伸，江浙地区以工商业著名的市镇如雨后春笋般蓬勃兴起。江南的苏、松、杭、嘉、湖五府市镇多达30余处。苏州震泽镇，元朝时是一个仅有几十户的村庄，明朝时已发展成为著名的丝织业重镇。湖州乌清镇，明嘉靖时，商贾云集，居民不下四五千家。扬州、苏州、徽州、广州等都是当时知名的商业城市。

1. 苏州

苏州位于长江三角洲中部、江苏省东南部，东傍上海，南接浙江，西抱太湖，北依长江。全市地势低平，境内河流纵横，湖泊众多，太湖水面绝大部分在苏州境内，是著名的江南水乡。苏州城始建于公元前514年，距今已2500多年历史。

明清时期的苏州，作为江南地区的代表，展现出了极高的经济、文化和艺术成就。苏州在明清时期是全国数一数二的大都市，经济总量在全国地级市中名列前茅。京杭大运河的带动使得苏州成为南北贸易的重要枢纽及商品集散中心，出现了"商贾辐辏，百货骈阗"的繁荣景象。苏州府每年上缴的赋税约占全国的10%。苏州的手工业水平在明清时期达到了前所未有的高度，行业众多，分工细致，产品质量上乘。丝织业、刺绣业、纺布业、染布业、冶金业、造纸业、刻书业等数十种手工行业蓬勃发展，形成了"苏作"这一独特的品牌，代表了当时手工业的最高水平。随着商品经济的发展，苏州的商业文化也日益繁荣。吴门书派、吴门画派闻名遐迩，书画艺术兴盛。苏州还涌现出了一批杰出的文学家和艺术家，如文徵明、唐寅、祝允明等。苏州的园林建筑也达到了极高的艺术水平，成为当时人们休闲娱乐的重要场所。

2. 徽州

徽州（今黄山市）地处安徽南部，安徽、江西、浙江三省交界处。主要河流为新安江，属于钱塘水系。徽州脱胎于隋文帝开皇九年（589年）所置的歙州，宋徽宗宣和三年（1121年）改歙州为徽州，历宋元明清四代。

明清时期，徽州经济繁荣，商业发达，徽商名满天下，富可敌国。徽商通过盐业、茶叶、木材等行业的经营，积累了巨额财富，并对当时的社会经济产生了深远影响。徽商的商业网络遍布全国，甚至远达海外，他们通过政治手段几乎垄断了帝国的盐业运输和买卖，控制了全国财政。明清时期，徽州出现了许多知名的学术流派，如新安理学、徽州朴学等。新安理学作为程朱理学的正宗流派，在徽州维系了600多年，对徽州社会经济和文化都有很大的影响。

徽州名人辈出，朱熹、朱升、程敏政、汪机、戴震、黄宾虹、陶行知等在历史上具有重要影响。徽州是徽菜的发源地，有新安理学、徽州朴学、新安医学、徽商、徽剧、徽派建筑、徽派版画、徽派篆刻、新安画派、徽派盆景等经济及文化流派。黄山是世界文化与自然遗产，皖南古村落西递、宏村为世界文化遗产。

3. 广州

广州地处广东省中南部，珠江三角洲的北缘，接近珠江流域下游入海口。自秦汉至明清的2000多年间，广州市一直是中国对外贸易的重要港口城市，是海上丝绸之路的起点之一，被誉为“千年商都”。

广州府始设于明洪武十一年（1378年），在明清两代一直保持着重要的行政地位，其管辖范围涵盖了整个珠江三角洲地区。广州府经济发达、商贸繁荣。作为对外贸易的港口，吸引了大量外国商人前来贸易。在“一口通商”时期，广州更是成为中国唯一的通商口岸。

清康熙二十五年（1686），广州城西南江边开设洋货行，称十三行。十三行不仅是清对外贸易的窗口，也是清政府特许经营对外贸易的专业商行，主要经营珠宝、棉布、瓷器、丝绸等商品，吸引了来自亚洲、欧洲、美洲等世界各地的商人和商品。十三行的繁荣促进了广州乃至广东地区的经济发展，为中国带来了大量的税收和外汇收入。如今，十三行是广州服装批发集散地之一，也是受游客欢迎的旅游目的地。

广州不仅是经济中心，也是文化兴盛之地。广府文化在此地得到发展和传承，形成了独特的语言、饮食、建筑、园林、民俗等。知名的文化景点有广州塔、陈家祠、南越王博物馆、越秀公园等。

4. 武汉

武汉，俗称“江城”，位于中国腹地中心、湖北省东部、长江与汉水交汇处。清朝时期是两湖总督驻地。

武汉历史悠久，早在距今8000—6000年前的新石器时代，先民们就在这里繁衍生息。位于黄陂区盘龙湖畔的盘龙城，筑于商代，距今约有3500年的历史。自汉经南北朝至元、明，武汉逐渐发展为水陆交通枢纽、商贾辐辏。明成化年间，汉水主道改由龟山北入长江，由此而形成汉口新镇，奠定了武汉三镇的地理基础。明末清初，汉口与北京、苏州、佛州并称“天下四聚”，又与朱仙镇、景德镇、佛山镇同称天下“四大名镇”，成为“楚中第一繁盛处”。清康熙四年（1665年），清政府在汉阳门外设“常关”，征收国内商货通过税。1858年《天津条约》签订后，汉口被辟为对外通商口岸。

武汉市历史悠久、文化底蕴深厚，拥有丰富的文化旅游资源。如江南三大名楼之一的黄鹤楼，以精美的浮雕、壁画和楹联、优美的黄鹤楼传说而吸引人。湖北省博物馆融合了古代楚国的建筑特色和现代建筑工艺，馆藏文物达24万余件，其中一级文物近千件，包括曾侯乙编钟、越王勾践剑等珍贵文物。还有武汉长江大桥、武汉大学、黄陂木兰文化生态旅游区等。

三、知名景点

1. 伊犁将军府

清朝统一新疆之后，乾隆二十七年（1762年）设立伊犁将军，总统天山南北军政事务，军府设在新疆伊犁地区霍城县惠远城内。乾隆帝确定伊犁为统治中心：一是出于政治稳定的需要，防止准噶尔与大小和卓叛乱势力死灰复燃；二是出于军事防御的需要，应对强敌沙俄扩张势力的威胁；三是出于区位的考虑，伊犁当时处在全疆的中心。在伊犁设将军，在乌鲁木齐设都统，在喀什噶尔设参赞大臣，形成三足鼎立之势，可以相互支持。

光绪十年（1884年）新疆建省，首府迁至乌鲁木齐，伊犁将军从此管辖伊犁、塔城边防。

伊犁将军府见证了清朝对新疆的治理和管辖，伊犁将军府的历史，是一部清代新疆继汉唐以来归于祖国统一的历史，是一部多民族共同开发保卫祖国边疆、抗击外来侵略的历史，也是一部清代中央王朝治理新疆的兴衰史。

将军府内设有多个机构，如印房（机要文件）、册房（图书）、粮饷处、营务处、驼马处、功过处等，反映了当时的军事、政治制度以及边疆治理的情况。

目前，伊犁将军府所在惠远古城内的景观有惠远钟鼓楼、文庙、衙署、将军园、东城门、林则徐故居等。伊犁将军府成为伊犁地区最具旅游价值的景点之一。

2. 江南水乡古镇

江南水乡古镇大多位于长江中下游平原河网纵横的地区，以太湖流域、杭绍平原为核心，包括江苏的苏锡常、浙江的杭绍嘉湖及上海等地。这些地区气候温暖湿润，形成了独特的水乡环境，为古镇的兴起和发展提供了自然条件。

江南水乡古镇的历史可以追溯到多个历史时期，但明清是其发展和繁荣的主要阶段。明清时期，随着经济的不断发展，大量市镇聚落逐渐兴起繁荣，承担了连接城市与乡村的商业功能，并发展了丝绸、棉布等代表性手工业。

比较知名的古镇有江南六大古镇，分别是周庄、同里、甪直、西塘、乌镇和南浔。这些古镇以其“小桥、流水、人家”的规划格局和“粉墙、黛瓦、马头墙”的建筑艺术，形成了人与自然和谐共生的典范。六大古镇中：周庄开发得最早，知名度也最高；同里人杰地灵，水乡的自然风光清雅；甪直河网交错，碧水环绕，桥桥相望相依；西塘面积最大，明清的廊棚、古弄建筑最有特色；乌镇是博物馆式的古镇，以居民风情来展现；南浔文化底蕴深厚，有许多中西合璧的建筑。

另外，上海的朱家角古镇、苏州的木渎古镇、无锡的惠山古镇、绍兴安昌古镇也具有较高的知名度。

课后作业

一、简答题

1. 中国现存的长城大部分为明长城，请搜索相关资料，列举与明长城有关的旅游景点，并简要介绍。

2. 本教材所指的明清时期，主要的文学成就有哪些？其主要影响是什么？

3. 本教材所指的明清时期，中国对内、对外交往有哪些主要事件？其影响是什么？

4. 本教材所指的明清时期，主要的哲学思想和代表人物分别有哪些？

5. 明清时期，中国有哪些人口大迁徙？它们的社会影响分别是什么？

二、设计题

1. 徐霞客少年即立下了“大丈夫当朝碧海而暮苍梧”的旅行大志。三十多年的旅行考察生涯，使他的足迹遍及大半个中国。请搜索相关资料，查阅徐霞客考察的主要知名景点，根据示例，完成表6-1。

表6-1 《徐霞客游记》中的美景

景点名称	地点	游记名称	景点描述
黄山	安徽省黄山市	《游黄山日记》	群峰或上或下，或巨或纤，或直或欹，与身穿绕而过。俯窥辗顾，步步生奇，但壑深雪厚，一步一悚……

2. 以“江南水乡古镇”为背景，结合明清商业发展史，策划一场沉浸式文旅活动（如情景剧、手工艺体验等）。

参考文献

[1] 黄仁宇 . 中国大历史 [M]. 北京：新华书店，2007.

[2] 吕思勉 . 中国大历史 [M]. 长沙：湖南文艺出版社，2011.

[3] 黄仁宇 . 万历十五年 [M]. 北京：中华书局，2014.

[4] 吕思勉 . 中国通史 [M]. 北京：民主与建设出版社，2015.

[5] 高洪雷 . 另一半中国史 [M]. 北京：人民文学出版社，2015.

[6] 顾颉刚 . 国史讲话 [M]. 北京：中华书局，2016.

[7] 林语堂 . 苏东坡传 [M]. 长沙：湖南文艺出版社，2018.

[8] 虞云国 . 黎东方讲史之续·细说宋朝 [M]. 上海：上海人民出版社，2019.

[9] 星球研究所 . 这里是中国 [M]. 北京：中信出版集团，2019.

[10] 刘勃 . 失败者的春秋 [M]. 天津：百花文艺出版社，2019.

[11] 刘勃 . 战国歧途 [M]. 天津：百花文艺出版社，2019.

[12] 张宏杰 . 简读中国史 [M]. 长沙：岳麓书社，2019.

[13] 张帆，李帆．中外历史纲要 [M]. 上海：上海教育出版社，2019.

[14] 历史课程教材研究开发中心．中国古代史 [M]. 北京：人民教育出版社，2019.

[15] 李不白．透过地理看历史 [M]. 北京：台海出版社，2020.

[16] 庄申．长安时代：唐人生活史 [M]. 上海：上海社会科学院出版社，2022.

[17] 李硕．翦商 [M]. 桂林：广西师范大学出版社，2022.

[18] 张宏杰．千年悖论：人性的历史实验记录（第 2 版）[M]. 重庆：重庆出版社，2022.

[19] 张宏杰．饥饿的盛世：乾隆时代的得与失（第 2 版）[M]. 重庆：重庆出版社，2022.

[20] 张帆等．辽夏金元史：冲突与交融的时代 [M]. 北京：中信出版社，2023.

[21] 施展．枢纽 [M]. 长沙：湖南文艺出版社，2023.

[22] 韩茂莉．大地中国 [M]. 上海：文汇出版社，2023.

[23] 孙英刚．隋唐．帝国的形成 [M]. 上海：上海古籍出版社，2023.

[24] 孙英刚．隋唐．盛衰的痕迹 [M]. 上海：上海古籍出版社，2023.

[25] 孙英刚．隋唐．文明的转向 [M]. 上海：上海古籍出版社，2023.

[26] 全国导游资格考试统编教材专家编写组．全国导游基础知识 [M]. 北京：中国旅游出版社，2024.

[27] 全国导游资格考试统编教材专家编写组．地方导游基础知识 [M]. 北京：中国旅游出版社，2024.

[28] 国家文物局．中国世界文化遗产 [EB/OL].http://www.ncha.gov.cn/col/col2539/index.html.

[29] 安阳市人民政府．走进安阳 [EB/OL].（2024-07-09）[2024-09-24].

https://www.anyang.gov.cn.

[30] 临淄区人民政府 . 走进临淄 [EB/OL].（2019-09-29）[2024-09-24]http://www.linzi.gov.cn.

[31] 邯郸市人民政府 . 走进邯郸 [EB/OL].（2024-03-21）[2024-09-24] https://www.hd.gov.cn.

[32] 西安市人民政府 . 市情 [EB/OL].（2024-04-08）[2024-09-24] https://www.xa.gov.cn.

[33] 徐州市人民政府 . 魅力徐州 [EB/OL].（2024-08-05）[2024-09-24] https://www.xz.gov.cn.

[34] 襄阳市人民政府 . 魅力襄阳 [EB/OL].（2024-05-08）[2024-09-24] http://www.xiangyang.gov.cn.

[35] 南京市人民政府 . 南京概览 [EB/OL].（2024-09-11）[2024-09-24] https://www.nanjing.gov.cn.

[36] 许昌市人民政府 . 走进许昌 [EB/OL].（2024-03-03）[2024-09-24] https://www.xuchang.gov.cn.

[37] 洛阳市人民政府 . 精彩洛阳 [EB/OL].（2024-04-30）[2024-09-24] https://www.ly.gov.cn.

[38] 扬州市人民政府 . 魅力扬州 [EB/OL].（2024-03-01）[2024-09-24] https://www.yangzhou.gov.cn.

[39] 成都市人民政府 . 走进成都 [EB/OL].（2024-03-30）[2024-09-24] https://www.chengdu.gov.cn.

[40] 泉州市人民政府 . 走进泉州 [EB/OL].[2024-09-24]https://www.quanzhou.gov.cn.

[41] 开封市人民政府 . 走进开封 [EB/OL].（2024-06-03）[2024-09-30] www.kaifeng.gov.cn.

[42] 杭州市人民政府 . 走进杭州 [EB/OL].（2024-06-17）[2024-09-30] https://www.hangzhou.gov.cn.

[43] 北京市人民政府 . 人文北京 [EB/OL]. [2024-09-30]https: //www.beijing.gov.cn.

[44] 苏州市人民政府 . 苏州概览 [EB/OL].（2023-05-31）[2024-09-30] https://www.suzhou.gov.cn.

[45] 黄山市人民政府 . 走进黄山 [EB/OL].（2024-3-29）[2024-09-30] https://www.huangshan.gov.cn.

[46] 广州市人民政府 . 魅力广州 [EB/OL].（2024-01-02）[2024-09-24] https://www.gz.gov.cn.

[47] 武汉市人民政府 . 走进武汉 [EB/OL].（2022-3-31）[2024-09-30] https://www.wuhan.gov.cn.

[48] 伊犁哈萨克自治州人民政府 . 全景伊犁 [EB/OL].（2025-01-02）[2025-01-10]https://www.xjyl.gov.cn.

项目策划：段向民
责任编辑：赵　芳
责任印制：谢　雨
封面设计：武爱听

图书在版编目（CIP）数据

中国历史与文化旅游资源 / 郭家秀，蔡会敏主编；林晓宁副主编 . -- 北京：中国旅游出版社，2025. 7.
（中国旅游业普通高等教育应用型规划教材）. -- ISBN 978-7-5032-7576-0

Ⅰ . F592

中国国家版本馆 CIP 数据核字第 20255RG108 号

书　　名：中国历史与文化旅游资源

主　　编：郭家秀　蔡会敏
副 主 编：林晓宁
出版发行：中国旅游出版社
（北京静安东里 6 号　邮编：100028）
http://www.cttp.net.cn　E-mail:cttp@mct.gov.cn
营销中心电话：010-57377103，010-57377106
读者服务部电话：010-57377107
排　　版：小武工作室
经　　销：全国各地新华书店
印　　刷：北京明恒达印务有限公司
版　　次：2025 年 7 月第 1 版　2025 年 7 月第 1 次印刷
开　　本：720 毫米 × 970 毫米　1/16
印　　张：13.25
字　　数：193 千
定　　价：49.80 元
ISBN　978-7-5032-7576-0